CORSO COMUNICATIVO DI ITALIANO

Gruppo META

libro degli esercizi e sintesi di grammatica

CAMBRIDGE
UNIVERSITY PRESS

Published by the Press Syndicate of the University of Cambridge
The Pitt Building, Trumpington Street, Cambridge CB2 1RP
40 West 20th Street, New York, NY 10011–4211, USA
10 Stamford Road, Oakleigh, Melbourne 3166, Australia

Original edition © Bonacci editore, Roma 1992
This edition © Cambridge University Press 1993

Printed in Italy

ISBN 0 521 46813 2 paperback

Gruppo META: Lorenzo Blini, Francisco Matte Bon, Raffaella Nencini, Nicoletta Santoni.

Uno è il frutto della stretta collaborazione tra i componenti del Gruppo META, i quali hanno discusso e elaborato insieme ogni suo punto.

Illustrazioni: Theo Scherling
Grafica: Mauro Magni
Fotografie e collages: Gruppo META
Videoimpaginazione: SEA – Roma
Registrazioni: Studio 20 – Roma
Musica: Marco Faustini

Per le voci si ringraziano vivamente Valeria Guglielmi, Angela Pagano, Alessanro Santoni, Francesco Taddeucci.

*Ringraziamo tutte le persone che hanno contribuito direttamente e indirettamente alla realizzazione di **Uno**. In particolare desideriamo ringraziare Lourdes Miquel, Neus Sans e Detlev Wagner per i suggerimenti forniti durante la stesura e la realizzazione del corso.*

Gruppo META

Legenda dei simboli

   Interlocutori nelle trascrizioni di testi orali

 Attività di lettura

Esempio

 Attività di scrittura

 Attività d'ascolto*

 Fonetica e intonazione

* Le trascrizioni delle registrazioni il cui testo non è presente all'interno delle unità si trovano alle pagine 128 - 130

Titolo unità e contenuti generali	Contenuti nozionali e funzionali	Contenuti grammaticali	Aree lessicali	Contenuti culturali	Fonetica e ortografia
UNITÀ 1 **Puoi ripetere, per favore?** Elementi basilari per gestire la comunicazione in italiano	- elementi per comunicare in italiano - l'alfabeto - come dettare un nome al telefono - saluti e convenevoli - elementi per chiedere e dire il motivo di qualcosa	- presente del verbo **studiare**: prime due persone - **come mai** e **perché** - **per + infinito, per + sostantivo, perché + frase**	- lessico elementare: parole italiane già conosciute	- aspetti conosciuti dell'Italia - insegne e cartelli italiani	- l'alfabeto italiano
UNITÀ 2 **E tu come ti chiami?** Informazione personale I: parlare di sè stessi	- elementi per chiedere e dire nome e cognome - per rilanciare una domanda: **e tu?** - elementi per chiedere e dire la nazionalità - elementi per chiedere e dire dove si abita - elementi per identificare qualcuno - elementi per presentarsi	- gli interlocutori: **tu/lei** informale/formale - pronomi personali soggetto: **io, tu, lei** - maschile e femminile degli aggettivi - domande che implicano una risposta di tipo **sì /no** - presente indicativo del verbo **essere**: prime tre persone - presente indicativo dei verbi in **-are** (**abitare**): prime tre persone. - **a + città / in + nazione** - tematizzazione del soggetto	- nomi di paesi e aggettivi di nazionalità	- nomi di battesimo	- l'accento tonico e grafico
UNITÀ 3 **Mi dai il tuo indirizzo?** Informazione personale II: parlare di sè stessi	- elementi per chiedere e dire la professione, l'età, l'indirizzo e il n° di telefono - numeri da 0 a 9 - elementi per ripetere una domanda - usi di **signor/signora** - darsi del **tu** o del **lei**	- pronomi personali soggetto: **io, tu** e **lei** formali - elementi sull'uso dei pronomi personali soggetto - presente indicativo di **avere** e **fare**: prime tre persone - **a/in + via/piazza/...**	- lessico di alcune professioni e materie di studio	- biglietti da visita - targhe con nomi di vie e piazze	- pronuncia e ortografia d /k/- /tʃ/ - /kw/
UNITÀ 4 **Mia sorella è medico** Informazione personale III: parlare degli altri	- quando non siamo sicuri di qualcosa: **credo** - pratica di tutti gli elementi funzionali e nozionali incontrati riferiti alle terze persone - numeri da 10 a 99	- pronomi personali soggetto: prime tre persone - pronomi personali soggetto plurale - possessivi: prime tre persone - singolare e plurale di aggettivi e sostantivi - presente indicativo del verbo **essere**: paradigma completo - presente indicativo dei verbi in **-are**, riflessivi, **avere**, **fare** e **potere**: prime tre persone - pronomi riflessivi: prime tre persone - verbi riflessivi (**chiamarsi**): prime tre persone	- la famiglia - professioni: ampliamento	- personaggi italiani famosi	- pronuncia e ortografia d /g/ e /dʒ/
UNITÀ 5 **La mattina mi alzo sempre presto.** Le attività quotidiane I: tempo e frequenza	- elementi per situare nel tempo - elementi per parlare della frequenza - elementi per chiedere e dire l'ora - elementi per parlare del tempo atmosferico	- presente indicativo dei verbi regolari in **-ere** e **-ire** e di alcuni irregolari frequenti (**andare, uscire, sapere**): prime tre persone - articoli: **il, la, l'** - avverbi di tempo e di frequenza: **mai, quasi mai, ogni tanto, molto spesso, sempre, di solito, generalmente**	- momenti della giornata - stagioni - giorni della settimana - mesi - attività quotidiane - lessico basilare sul tempo atmosferico	- il tempo nelle diverse regioni italiane - canzone: **Sabato sera** di Bruno Filippini	- pronuncia e ortografia dei suoni /ʎ/ e /ɲ/
UNITÀ 6 **Mi piace molto sciare** Le attività quotidiane II: orari, abitudini, gusti	- elementi per parlare degli orari - elementi per parlare delle attività quotidiane - elementi per parlare di gusti e abitudini legati alle attività quotidiane - se siamo d'accordo o vogliamo dire la stessa cosa: **anche, neanche** - se non siamo d'accordo o vogliamo dire il contrario: **a me sì/no, io sì/no, invece** - per prendere le distanze rispetto a qualcosa che si dice: **mah**	- preposizioni articolate: **all'/alle/dall'/dalle** - presente indicativo dei verbi regolari (**-are, -ere, -ire**) e di alcuni irregolari frequenti (**fare, andare, uscire**): paradigma completo - gli articoli: sistematizzazione generale - espressioni con l'ora: **a, da... a, tra... e, verso** - **mi piace/piacciono** - **molto/per niente**	- attività quotidiane: ampliamento	- gli orari degli italiani - come passano le feste gli italiani	- le consonanti doppie

Titolo unità e contenuti generali	Contenuti nozionali e funzionali	Contenuti grammaticali	Aree lessicali	Contenuti culturali	Fonetica e ortografia
UNITÀ 7 **Senta, scusi, per andare al Colosseo?** Lo spazio I: come situare qualcosa e come muoversi negli spazi esterni	- per fare domande sulla localizzazione nello spazio: **dov'è?** - elementi per localizzare nello spazio - elementi per chiedere e dare informazioni sul modo di arrivare in un luogo - elementi per parlare delle distanze: **a x minuti/chilometri...** - informarsi sull'esistenza e l'ubicazione di un posto - per richiamare l'attenzione di uno sconosciuto: **senta, scusi / senti, scusa**	- gli articoli indeterminativi - **c'è/ci sono** - contrasto **il/lo/la** - **un/uno/una** - preposizioni articolate: **al/allo/alla/del/dello/della** - avverbi e preposizioni usati per riferirsi allo spazio: **davanti a, dietro a, vicino a, tra... e, a destra di, a sinistra di**	- la città: via, piazza, ecc. - nomi di negozi e di alcuni edifici / servizi pubblici - mezzi di trasporto	- dove si comprano alcune cose - piantine di Roma: luoghi, nomi, ecc.	- contrasto /b/ - /p/
UNITÀ 8 **Mi serve un po' di latte** Gli oggetti I: quantità e prezzi	- pesi e misure - contenitori - quando non precisiamo la quantità: **un po' di, qualche**, partitivi - per chiedere qualcosa: **mi serve** - per valutare le quantità: **troppo/a/i/e, poco/a/hi/he** - numeri: da 100 in poi - per dare un numero o una quantità in modo approssimativo: **circa** e **più o meno**	- preposizioni articolate: **di + articoli determinativi** - il partitivo	- pesi e misure - contenitori - cibi: introduzione	- ricevute e scontrini fiscali - monete e banconote italiane - cibi e confezioni di prodotti italiani	- contrasto /f/-/v/
UNITÀ 9 **Tu quale preferisci?** Acquisti I: cominciare a muoversi nei negozi	- elementi per identificare un oggetto tra diversi - strategia per riferirsi a oggetti di cui non si conosce il nome: **una cosa per...** - al bar: ordinare e chiedere il conto - fare acquisti: chiedere qualcosa in un negozio e chiedere il prezzo	- concordanza aggettivo - sostantivo: tabella riassuntiva - dimostrativi: quadro generale - presente indicativo dei verbi in **-ire** del tipo di **preferire**	- vestiti: introduzione - colori	- gli italiani e il bar - cose che si possono ordinare in un bar - listino prezzi di un bar	- contrasto /d/-/t/
UNITÀ 10 **Vi va di andare a casa di Betta?** Rapporti sociali I: fare insieme agli altri	- proporre attività da fare insieme, accettare e rifiutare - prendere appuntamenti: proporre un appuntamento, fare una proposta alternativa - elementi temporali: **prima di/dopo - tra/fra** - date	- pronomi personali soggetto e complemento indiretto: tabella riassuntiva - altri usi di **mi, ti, ci, vi** - pronomi complemento indiretto atoni / tonici: contrasto - espressioni verbali con pronome indiretto: **mi va/ti va/...** - presente indicativo dei verbi **potere, dovere, volere, venire**: paradigma completo	- attività da fare insieme	- gli spettacoli in Italia - le serate degli italiani	- contrasto /k/-/g/
UNITÀ 11 **Buongiorno, sono Marcella, c'è Franco?** La comunicazione telefonica	- gestione e controllo della comunicazione telefonica - saluti e convenevoli quando si parla con qualcuno che non si vede da molto tempo - elementi basilari per ripetere o trasmettere ciò che è stato detto da altri	- elementi basilari di stile indiretto: **che + frase / di + infinito** - pronomi complemento indiretto di terza persona: posizione e usi - pronomi personali complemento diretto di terza persona singolare: **lo, la** - pronomi personali complemento indiretto + **lo/la**: **me lo/...** - presente indicativo del verbo **stare** - il gerundio (morfologia) - **stare + gerundio**	- lessico legato al telefono e alla comunicazione telefonica	- telefoni italiani: monete, gettoni, schede telefoniche	- contrasto /tʃ/-/dʒ/

Titolo unità e contenuti generali	Contenuti nozionali e funzionali	Contenuti grammaticali	Aree lessicali	Contenuti culturali	Fonetica e ortografia
UNITÀ 12 **Venerdì sera sono andato a una festa** Il passato: raccontare avvenimenti passati in modo generico	- raccontare avvenimenti passati - marcatori temporali per riferirsi al presente e al passato - per chiedere di situare un avvenimento nel passato: **quando**? - elementi per situare un avvenimento nel passato con una data - per mettere in ordine gli elementi di un racconto: concetto di sequenza (**prima... poi... e poi...**)	- il participio passato: morfologia dei verbi regolari e di alcuni irregolari frequenti - passato prossimo con **essere** e con **avere** - passato prossimo dei verbi riflessivi - concordanza del participio passato nel passato prossimo con **essere** - avverbi e espressioni di tempo	- attività quotidiane: ampliamento - tappe della vita di una persona	- un regista italiano: Nanni Moretti - lettura: **Il filo dell'orizzonte** di Antonio Tabucchi	- pronuncia e ortografia di /gw/ e /kw/
UNITÀ 13 **Un po' di esercizio** Unità di revisione globale	- revisione generale degli elementi trattati nelle unità 1-12	- revisione e riutilizzo di quanto acquisito in precedenza	- ampliamento e riutilizzo di quanto acquisito in precedenza	- una grande attrice italiana: Anna Magnani - personaggi italiani della storia e della cultura artistica, letteraria e scientifica - gli italiani e le mete turistiche	- /ts/, /tʃ/ e /ʃʃ/: pronuncia, ortografia e contrasto
UNITÀ 14 **Vi posso offrire qualcosa da bere?** Rapporti sociali II: chiedere e offrire oggetti	- elementi per offrire oggetti, accettare e rifiutare - elementi per chiedere oggetti, accettare e rifiutare - elementi per chiedere in prestito - quando si dà un oggetto a qualcuno: **ecco/tieni/tenga**	- pronomi indiretti di prima e seconda persona singolare e plurale - **si** impersonale	- cose che si offrono - oggetti e cibi: revisione e ampliamento	- gli italiani e i complimenti - bevande e cibi italiani che vengono spesso offerti - cosa si offre e quando si offrono cose in Italia - come ci si comporta quando ci viene offerto qualcosa	- contrasto /l/-/ll/-/ʎ/
UNITÀ 15 **Le dispiace se chiudo la porta?** Rapporti sociali III: chiedere il permesso, chiedere e offrire di fare	- elementi per chiedere il permesso di fare qualcosa, concederlo e rifiutarlo - elementi per chiedere a qualcuno di fare qualcosa, accettare e rifiutare - elementi per offrire aiuto, accettare e rifiutare - elementi per offrire di fare qualcosa, accettare e rifiutare	- imperativo affermativo di **tu, lei** e **voi**	- cose che si chiede e si offre di fare		- r e doppia r: contrasto
UNITÀ 16 **Ti piace la pizza?** I cibi e il nostro rapporto con i cibi	- elementi per chiedere e spiegare la composizione di cibi - elementi per parlare dei gusti in rapporto con i cibi - per riferirci all'intensità: **per niente, non molto, abbastanza, molto, moltissimo, un po', troppo**	- superlativi - **con/senza** - verbi come **piacere**: ripresa	- i pasti - cibi: ampliamento e revisione - aggettivi per parlare dei sapori e delle sensazioni legate al cibo	- le abitudini alimentari degli italiani - breve storia della pasta - due tipiche ricette italiane: pasta alla carbonara e spaghetti aglio, olio e peperoncino - menù italiani	- consonanti sorde e sonore: revisione - pronuncia delle occlusive /b/, /g/ e /d/
UNITÀ 17 **Per me un'insalata mista** Acquisti II: il ristorante	- elementi per ordinare e chiedere cose in un ristorante - per riferirci a un nuovo elemento o a una quantità ulteriore di qualcosa: **un altro po' di/un altro/un'altra/altri/altre/...**	- pronomi complemento diretto di terza persona: quadro completo	- lessico della tavola - cibi: ampliamento e revisione	- gli italiani e i ristoranti - menù autentici - il conto al ristorante - le pizzerie a Roma	- contrasto /l/ - /r/
UNITÀ 18 **Sai dov'è il telefono?** Lo spazio II: situare e muoversi negli spazi interni	- elementi per localizzare nello spazio: ampliamento - elementi per descrivere la casa - per rispondere che non abbiamo qualcosa: **non ce l'ho/abbiamo**	- preposizioni articolate: tabella riassuntiva - presente indicativo del verbo **tenere** - avverbi e preposizioni di luogo	- la casa: stanze e arredamento	- le case italiane - oggetti presenti nelle case	- s e doppia s

Titolo unità e contenuti generali	Contenuti nozionali e funzionali	Contenuti grammaticali	Aree lessicali	Contenuti culturali	Fonetica e ortografia
UNITÀ 19 **Come si chiama quella cosa che si usa per lavarsi i denti?** Gli oggetti II: descrizione degli oggetti e rapporto con gli oggetti	- elementi per descrivere gli oggetti - elementi per esprimere un parere su un oggetto: **mi sembra, lo trovo** - per parlare del materiale: **di + materiale** - elementi per parlare di libri e film - per parlare della proprietà: **di chi è? - è di...** - revisione globale sugli oggetti e la loro localizzazione	- possessivi: quadro generale - gradi dell'aggettivo: **molto/un po'/troppo** - riutilizzo dei superlativi - revisione della concordanza singolare/plurale con verbi tipo **mi piace/piacciono** e **mi sembra/sembrano** - il pronome relativo **che**	- oggetti: ampliamento - lessico della descrizione degli oggetti - vestiti: ampliamento	- film e libri famosi - oggetti italiani	- **m** e doppia **m** - **n** e doppia **n**
UNITÀ 20 **Vorrei quelle scarpe che sono in vetrina...** Acquisti III: per muoversi meglio nei negozi	- strategie per parlare di oggetti di cui non si conosce il nome: revisione - revisione e ampliamento degli acquisti: quando non ci piace la cosa che ci propongono, chiedere un'altra cosa simile, uscire senza acquistare, chiedere un pacco	- pronomi complemento oggetto di terza persona: tabella riassuntiva - **ne** - usi di **mah**: ripresa	- oggetti: ampliamento - vestiti: attività riassuntiva	- gli italiani e i regali	- **p** e doppia **p** - **b** e doppia **b**
UNITÀ 21 **Luca? Sembra simpatico** Gli altri: descrizione delle persone e rapporti con le persone	- elementi per descrivere le persone - elementi per esprimere un parere sulle persone: ripresa di **mi sembra** - elementi per fare paragoni: **più/meno + aggettivo**	- ripresa di **abbastanza, molto, un po'** e **troppo** - ripresa del superlativo - forme diminutive di aggettivi - pronome relativo **che**: riutilizzo	- vestiti: riutilizzo - lessico della descrizione delle persone - il corpo umano	- annunci personali tratti da un giornale - maschere italiane: Pulcinella, Pantalone, Colombina, Dottor Balanzone, Arlecchino	- **d** e doppia **d** - **t** e doppia **t**
UNITÀ 22 **Non sapevi che stavano insieme?** Il passato II: parlare di situazioni del passato	- elementi per descrivere situazioni del passato: l'imperfetto - per sottolineare un contrasto: **invece**	- imperfetto indicativo dei verbi regolari e di **essere** e **fare** - ripresa di **c'è/ci sono** e usi all'imperfetto: **c'era/c'erano** - il **ci** locativo	- le attività: revisione e ampliamento	- Roma un secolo fa e Roma oggi - canzone: **Bambino io, bambino tu** di Zucchero	- [s] e [z]
UNITÀ 23 **Quando sono salita non c'erano molte persone** Il passato III: racconti articolati al passato	- per parlare del passato: revisione e attività integrate di uso del passato prossimo e dell'imperfetto - elementi per parlare delle sensazioni e degli stati fisici ed emotivi	- usi di **appena, già, non ancora, ancora** e **sempre** - passato prossimo: concordanza tra il participio passato e il complemento diretto - il passato remoto: introduzione	- le attività: revisione e ampliamento - lessico legato alle diverse tappe della vita di una persona: ampliamento - cibi: revisione e ampliamento	- lettura: **Fanatico** di Alberto Moravia	- intonazione: frasi affermative e negative
UNITÀ 24 **Domani sera gioco a tennis con Cesare** Parlare del futuro: piani, progetti, desideri	- marcatori temporali del passato: revisione - marcatori temporali per riferirsi a momenti del futuro - elementi per parlare di azioni future - elementi per esprimere desideri - per introdurre un'informazione in contrasto con quanto appena detto: **ma** - per parlare di un'eventualità: **forse**	- condizionale di **volere** - usi di **prossimo, tra** e **fra** - elementi per parlare del futuro: usi del presente indicativo, di **dovere**, e di **pensare di + infinito**	- attività quotidiane e attività legate alle vacanze: revisione e ampliamento	- abitudini degli italiani legate al tempo libero	- intonazione: frasi interrogative - intonazione: contrasto tra frasi affermative, negative e interrogative
UNITÀ 25 **Facciamo il punto** Revisione generale e riflessione sul corso	- attività di revisione e valutazione globale del corso - valutazione e riflessione sull'andamento del corso in classe e sul manuale - valutazione e riflessione sul proprio processo di apprendimento da parte di ogni studente - attività di revisione funzionale sui contenuti del corso	- attività di revisione morfosintattica sui contenuti del corso	- attività di revisione lessicale	- riflessione sull'acquisizione/apprendimento di una lingua straniera	

Puoi ripetere per favore?

1 Nell'Unità 1 hai sicuramente imparato nuove parole italiane. Prova a farne una lista.

2 Segui il modello.

cognome   ● *Cosa vuol dire cognome?*

1. cognome	4. città	7. buongiorno
2. telefono	5. nome	8. studiare
3. alfabeto	6. compagno	9. insegnante

3 Scrivi 6 parole nella tua lingua.

 Ora segui il modello usando le parole che hai scritto.

 thank you   ● *Come si dice* thank you *in italiano?*

4 Segui il modello usando le parole che senti.

 buongiorno   ● *Come si scrive buongiorno?*

5 Ascolta le parole e scrivile.

6 Leggi questi nomi lettera per lettera.

1. Edoardo Lubrano
2. Alberto Ruaro
3. Pinella Argento

4. Giancarlo Fonti
5. Fulvio Varrone
6. Silvana Coppola

7 Ascolta alcuni cognomi italiani dettati utilizzando nomi di città, e scrivili.

8 Scrivi delle frasi seguendo il modello.

☞ **_Studiare l'italiano_**   **_Come mai studi l'italiano?_**

1. Studiare il portoghese.
2. Studiare l'inglese.
3. Studiare il francese.

4. Studiare lo spagnolo.
5. Studiare il tedesco.
6. Studiare il russo

9 Ricordi questo dialogo? Completalo.

○ Come mai studi l'italiano?

● _____

○ E tu?

△ _____

○ E tu? Perché studi l'italiano?

▲ _____

10 Completa con le forme adeguate del verbo **studiare**.

1. ● Perché _____ l'italiano?
   ○ Perché mi piace.

2. ● Helen, e tu?
   △ Io _____ l'italiano perché ho il ragazzo a Roma.

3. ● Io non _____ inglese, _____ italiano.

4. ● Come mai _____ l'italiano?
   ○ Per lavoro.

11 Ripeti.

> 1. Come si pronuncia questo?
> 2. Cosa vuol dire modello?
> 3. Come si dice *sorry* in italiano?
> 4. Come si scrive insegnante?
>
> 5. Puoi ripetere per favore?
> 6. Perché studi l'italiano?
> 7. Per andare in Italia.
> 8. Io perché mi piace.

12 Scrivi delle frasi seguendo il modello.

 　a. ***teacher***　　　　　　　***Come si dice** teacher **in italiano?***
　　　　　1. *bonjour*　　　　2. *gracias*　　　　3. *schule*

 　b. **insegnante**　　　　　***Come si pronuncia insegnante?***
　　　　　1. buongiorno　　　2. grazie　　　　3. scuola

 　c. **cognome**　　　　　　***Cosa vuol dire cognome?***
　　　　　1. buonasera　　　2. scusi　　　　3. lezione

 　d. **ciao**　　　　　　　　***Come si scrive ciao?***
　　　　　1. arrivederci　　　2. per favore　　　3. stazione

13 Cosa dicono secondo te questi personaggi? Completa i fumetti.

E tu come ti chiami?

1 Scrivi delle frasi seguendo il modello.

Francesco, Italia, Roma

Mi chiamo Francesco.
Sono italiano. Abito a Roma.

1. Francesco, Italia, Roma
2. Marie, Germania, Francoforte
3. Kurt, Austria, Vienna
4. Vladimir, Russia, Mosca

5. Agnieszka, Polonia, Varsavia
6. Carlos, Argentina, Buenos Aires
7. Irene, Grecia, Atene
8. Vera, Russia, San Pietroburgo

2 Scrivi i dialoghi seguendo il modello.

Francisco Estrada, Spagna, Madrid

● *Come ti chiami?*
  Francisco Estrada.
● *Di dove sei?*
  Spagnolo, di Madrid.

1. Francisco Estrada, Spagna, Madrid
2. Cristina Pisa López, Messico, Città del Messico
3. Dominique Tessier, Francia, Tolone
4. Claire Mac Laughlin, Irlanda, Dublino

5. Stephanie Schultze, Germania, Berlino
6. Tim Ledger, Inghilterra, Coventry
7. Susanne, Canada, Montréal
8. Ioichiro, Giappone, Tokyo

3 Ti ricordi questa conversazione? Prova a completarla.

● _____ ?
  Io sono Philippe.
● E tu?
■ Kurt.
● _____ ?

■ Tedesco. E tu sei francese, vero?
  No, _____ , di Bruxelles.
● _____ ?
  Maria. _____ olandese.

4 Scrivi i dialoghi seguendo il modello.

Messico/Venezuela

● *Sei messicano?*
  No, sono venezuelano.

1. Messico/Venezuela
2. Inghilterra/America

3. Spagna/Francia
4. Algeria/Tunisia

5. Svezia/Danimarca
6. Svizzera/Germania

5 Scrivi i dialoghi seguendo il modello.

Marie/Francia

● *Marie, e tu di dove sei?*
  Francese.

1. Marie/Francia
2. Angela/Italia
3. Philip/Inghilterra
4. Kurt/Svizzera

5. Annie/Belgio
6. Mathilde/Germania
7. Boris/Russia
8. Galia/Russia

UNITÀ 2

6 Ti ricordi questi dialoghi? Completali.

1. ● ___ spagnola?
    ○ No, messicana. E tu, _____?
    ● Di Roma, ma abito a Parigi.
    ○ _____?
    ● Simona, e tu?
    ○ Ledda.
    ● E abiti in Messico?
    ○ No, ora _____ a Roma da due anni.

2. ○ Mi scusi, _____ il dottor Poletti?
    ● Sì, sono io.
    ○ _____, _____ Zannini, della Raggio Gamma.

3. ● _____?
    ○ Dario D'Innocenzo.

7 Secondo te i personaggi rappresentati in questi disegni si danno del **tu** o del **lei**?

8 Ripeti.

1. Come ti chiami?
2. Di dove sei?
3. Di Roma.
4. Sei americano?
5. No. Sono inglese.
6. Lei è francese?
7. No. Canadese.
8. Lei di dov'è?

9 Completa con le forme adeguate del verbo **essere**.

1. ● Io _____ Anna, e tu?
   ○ Io _____ Marina.

2. ● _____ di Roma?
   ○ No, di Firenze.

3. ● Mark _____ inglese?
   ○ No, _____ americano.

4. ● Lei _____ la signora Giacometti?
   ○ No, _____ Fefè.

10 Scrivi i dialoghi seguendo il modello.

Tu (donna), Spagna, Madrid

Lei (uomo), Italia, Bari

● *Di dove sei?*
○ *Spagnola, di Madrid.*

● *Lei di dov'è?*
○ *Sono italiano, di Bari.*

1. Tu (donna), Spagna, Madrid
2. Lei (uomo), Italia, Bari
3. Tu (uomo), Spagna, Barcellona
4. Lei (uomo), Francia, Marsiglia

5. Tu (donna), Germania, Berlino
6. Lei (donna), Inghilterra, Liverpool
7. Tu (uomo), Svizzera, Berna
8. Lei (donna), Danimarca, Copenaghen

11 Completa i dialoghi.

1. ● Dove abiti?
   ○ _____ Roma.
   ● Dove?
   ○ _____ Trastevere.

2. ● Lei dove abita?
   ○ _____ Francia.

3. ● Io abito _____ Italia, _____ Napoli.

4. ● Dove abita Petra?
   ○ _____ Germania.

5. ● Roberta abita _____ un paese vicino Viterbo.
   ○ Dove?
   ● _____ Capranica.

12 Scrivi le risposte seguendo il modello.

● **Sono francese.**
○ **E abiti a Parigi?**

1. ● Sono francese.
   ○ _____? (Parigi)

2. ● Marie è belga.
   ○ _____? (Bruxelles)

3. ● Hans è austriaco.
   ○ _____? (Vienna)

4. ● Carol è polacco.
   ○ _____? (Varsavia)

5. ● Sono inglese.
   ○ _____? (Londra)

6. ● Sono italiano.
   ○ _____? (Roma)

13 Scrivi i dialoghi seguendo il modello.

Paolo, Paolo, tu

Federico Mancini, Gianfranco Salerno, lei

● **Tu sei Paolo?**
○ **Sì, sono io.**

● **Lei è il signor Federico Mancini?**
○ **No, io sono Gianfranco Salerno.**

1. Paolo, Paolo, tu
2. Federico Mancini, Gianfranco Salerno, lei
3. Francesco, Francesco, tu
4. Roberta Grasso, Simona Baccante, lei

5. Alessandro Santoni, Alessandro Santoni, lei
6. Valeria Guglielmi, Valeria Florio, tu
7. Sara, Tiziana, tu
8. Matteo, Vittorio, lei

UNITÀ 2

14 Completa con la forma adeguata del **presente indicativo** dei verbi tra parentesi.

1. ● Come mai (**studiare/tu**) _____ l'italiano?
   ○ Per lavoro.

2. ● (**abitare/tu**) _____ a Roma?
   ○ Sì.

3. ● Lei (**essere**) _____ il signor Rossi?
   ○ No, io (**essere**) _____ Marucci.
   ● Dove (**abitare**) _____ , signor Marucci?
   ○ A Roma, ma (**essere**) _____ di Milano.

4. ● Come ti (**chiamarsi**) _____ ?
   ○ Angelo.

5. ● Io (**studiare**) _____ italiano per turismo, e tu?
   ○ Io perché mi piace.

6. ● Di dove (**essere/tu**) _____ ?
   ○ Di Napoli, e tu?
   ● Di Palermo, ma (**abitare**) _____ a Genova.

7. ● Io mi (**chiamarsi**) _____ Andrea, e tu?
   ○ Francesca.

8. ● Lei (**studiare**) _____ inglese?
   ○ No, francese.

15 Ripeti.

1. Io sono Ottavio Bonati. E lei?
2. Dove abita?
3. Tu sei Camilla?
4. No. Io sono Cinzia.

5. Lei è il signor Sacchi?
6. Sì, sono io.
7. Lei è la signora Bendoni?
8. No. Io sono Carla Espositi.

16 Rispondi seguendo il modello.

☞ ● **Di dove sei?**
   ○ *Italiano, e tu?*

1. ● Come ti chiami?
   ○ _____ (Giorgio)

2. ● Dove abiti?
   ○ _____ (Roma)

3. ● Lei di dov'è?
   ○ _____ (Milano)

4. ● E dove abita?
   ○ _____ (Bologna)

17 Scrivi le frasi seguendo il modello.

☞ **Roma - Parigi**   *Sono di Roma ma abito a Parigi.*

1. Milano - Genova
2. Roma - Bari
3. Siracusa - Trieste
4. Venezia - Firenze
5. Siena - Napoli
6. Palermo - Bolzano

18 Leggi ad alta voce queste parole e sottolinea la vocale che si pronuncia con più intensità (vocale tonica). Poi controlla con la cassetta se hai sottolineato la vocale giusta.

nome	alfabeto	cognome	italiano
francese	Svizzera	americano	io
parola	Francesco	dialogo	signor
telefono	nazione	abitare	vocale

Mi dai il tuo indirizzo?

1 Scrivi i dialoghi seguendo il modello.

Tu, medico

- *Cosa fai?*
- *Lavoro. Faccio il medico.*

Lei, matematica

- *Lei cosa fa?*
- *Studio. Faccio matematica.*

1. Tu, medico	4. Lei, medicina	7. Lei, ingegnere	10. Tu, filosofia
2. Lei, matematica	5. Tu, insegnante	8. Lei, meccanico	11. Lei, lingue
3. Tu, architetto	6. Tu, storia	9. Lei, segretaria	12. Tu, economia

2 Inventa le domande seguendo il modello.

TU	LEI	
1. ● *Dove abiti?*	● *Dove abita?*	○ A Roma.
2. ●	●	○ Lavoro alla Fiat.
3. ●	●	○ Viale Marconi, 20.
4. ●	●	○ 46.
5. ●	●	○ 366.32.58.
6. ●	●	○ Studio. Faccio legge.
7. ●	●	○ Di Milano.
8. ●	●	○ No. Io sono Giorgia.

3 Ricordi questi dialoghi? Prova a completarli.

1. ● _____?
   ○ No, no, vivo ancora con i miei, _____?
   ● _____. E ho anche una bambina.
   ○ Scusa, _____?
   ● 23.

2. ● Allora, _____?
   ○ _____. Corso Francia, 12. C'è il citofono.

3. ● Allora, _____, mi informo e poi ti chiamo.
   ○ _____. Hai da scrivere? E' il 685.34.93.

4. ● _____?
   ○ Sono ingegnere, _____?
   ● Lavoro in banca.

UNITÀ 3

4 Completa con le forme adeguate del presente dei verbi **fare** e **avere**.

1. ● Che lavoro (**fare**) _____ Fabrizio?
   ○ Non lavora, studia. (**fare**) _____ legge.
   ● Anch'io (**fare**) _____ legge.

2. ● Rinaldo studia medicina.
   ○ Ma quanti anni (**avere**) _____?
   ● Ventidue.

3. ● Come ti chiami?
   ○ Gianna.
   ● E cosa (**fare**) _____?
   ○ Studio. (**fare**) _____ lingue.

4. ● Quanti anni (**avere/tu**) _____?
   ○ Diciannove, e tu?
   ● Venti.

5. ● Mi chiamo Marcella e (**avere**) _____ diciotto anni...

5 Compila questo modulo.

6 Completa il dialogo.

- Mi può dire il suo nome, per favore?
- Sì, mi chiamo Antonella Apolloni.
- Lavora?
- Sì.
- _____?
- Sono commercialista.
- _____?

- In una banca.
- _____?
- Trentacinque.
- _____?
- Sì. E ho due figli.
- _____?
- A Roma, in via dei Sabini 70.

7 Completa.

1. • Dove abiti?
   - A Roma.
   - _____?
   - Sì, via Vespasiano 48.

2. • Dove abita?
   - A Napoli.
   - _____?
   - Sì, 63.40.51.

3. • Abiti a Firenze?
   - Sì.
   - _____?
   - Sì, 31.22.53.

4. • _____?
   - Sì. Piazzale Aldo Moro 2.

8 Scrivi in lettere i numeri di telefono della Guardia medica permanente.

GUARDIA MEDICA PERMANENTE

Pronto Soccorso a domicilio	**4 82 67 41**
OSPEDALI	
Pronto Soccorso Ospedaliero	
Policlinico	**4 46 23 41**
S. Eugenio	**5 90 41**
S. Filippo	**3 30 61**
S. Giacomo	**6 72 61**
S. Giovanni	**7 70 51**
S. Spirito	**65 09 01**
Trasfusioni sangue urgenti	
(diurno, notturno e festivo)	**4 45 63 75 / 7 70 55 63**
CENTRO ANTIVELENI	
Policlinico Umberto I	**49 06 63**
Policlinico A. Gemelli	**3 05 43 43**

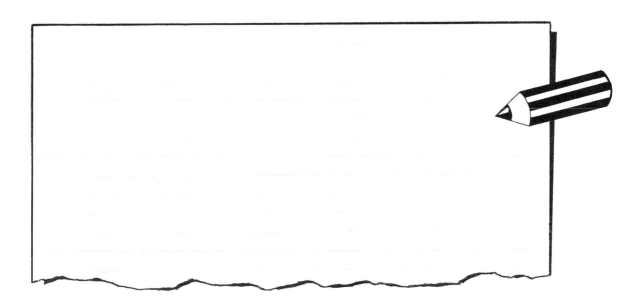

UNITÀ 3

9 Completa seguendo il modello e la piantina.

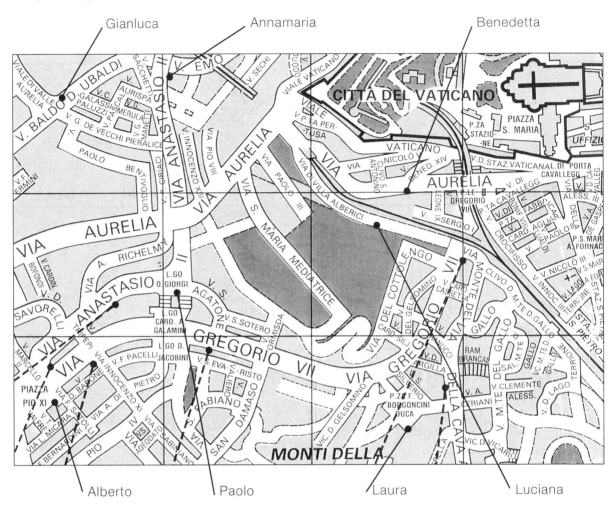

- **Dove abita Gianluca?**
- ○ *In via Baldo degli Ubaldi*

1. ● Dove abita Annamaria?
   ○ _____.

2. ● Dove abita Alberto?
   ○ _____.

3. ● Dove abita Benedetta?
   ○ _____.

4. ● Dove abita Luciana?
   ○ _____.

5. ● Dove abita Paolo?
   ○ _____.

6. ● Dove abita Laura?
   ○ _____.

10 Hai già chiesto alcune cose ma non te le ricordi più. Inventa i dialoghi seguendo il modello.

Tu, Mario

- ● *Scusa, come hai detto che ti chiami?*
- ○ *Mario.*
- ● *Ah, già, è vero.*

Lei, Inghilterra

- ● *Scusi, di dove ha detto che è?*
- ○ *Sono Inglese.*
- ● *Ah, sì, è vero.*

1. Tu, Mario
2. Lei, Inghilterra
3. Lei, 28 anni
4. Tu, architetto

5. Lei, piazza Verdi
6. Lei, Milano
7. Tu, Canada
8. Lei, Claudia

9. Tu, via Vespasiano
10. Tu, Venezia
11. Lei, studentessa
12. Tu, 30 anni

1 Ripeti.

1. Sei sposato?
2. Se mi lasci il tuo telefono ti chiamo.
3. Che lavoro fa?
4. Cosa fai?
5. Sono medico.

6. Dove abiti?
7. Mi dai il tuo numero di telefono?
8. Quanti anni hai?
9. Come ha detto che si chiama?
10. Come mai studi l'italiano?

2 Completa con **io**, **tu**, **lei** se necessario.

1. ● ___ mi può dare il suo indirizzo, per favore?

2. ● ___ mi chiamo Giulia, e tu?
   ○ Nicolò.

3. ● Scusa come ___ hai detto che ti chiami?
   ○ ___ Giacomo.

4. ● Alessia, ___ mi lasci il tuo numero
   di telefono?

5. ● ___ abito a Roma, e tu?
   ○ ___ a Venezia.

6. ● Dove abita?
   ○ ___ in Trastevere, e ___?
   ● ___ in centro.

7. ● Dove ___ ha detto che abita?

8. ● E ___ sei sposato?
   ○ ___? No!

3 Ascolta i dialoghi e segna con una X se si danno del **tu** o del **lei**.

	LEI	TU
1. ● Che fai? ○ Studio.	☐	☐
2. ● Mi può dare il suo indirizzo?	☐	☐
3. ● Dove abita?	☐	☐
4. ● Come hai detto che ti chiami?	☐	☐
5. ● Io sono Simona. ○ Io Stefano.	☐	☐
6. ● Mi lascia il suo numero di telefono?	☐	☐

Ora sottolinea le parole che ti hanno permesso di capirlo.

4 Fai le domande seguendo il modello.

Indirizzo - tu
● *Mi dai il tuo indirizzo?*

lavoro - lei
● *Che lavoro fa?*

1. nome - lei
2. telefono - tu
3. indirizzo - lei
4. lavoro - tu

5. età - tu
6. lavoro - lei
7. telefono - lei
8. nome - tu

15 Completa i dialoghi.

1. ● _____ ?
   ○ Studio.
   ● _____ ?
   ○ Architettura.
   ● Sono studente anch'io. Faccio
     medicina. _____ ?
   ○ No. Sono nato a Milano, ma vivo a
     Roma da 8 anni. Abito a Vigna Clara.
     _____ ?
   ● Io abito in Via Flaminia Vecchia.
   ○ A che numero?
   ● _____ .

2. ● _____ ?
   ○ Di Parma. E Lei?
   ● Io sono romano. _____ ?
   ○ No, sono a Roma per lavoro: faccio il
     rappresentante. _____ ?
   ● _____ ?

3. ● _____ ?
   ○ No, sono australiana. _____ ?
   ● Sono tedesco.
   ○ _____ ?
   ● No, adesso abito a Roma.
   ○ _____ ?
   ● Studio l'italiano. _____ ?
   ○ Anch'io. _____ ?
   ● Da tre mesi.
   ○ _____ ?
   ● Io Karl.

4. ● _____ ?
   ○ Agnieszka. _____ ?
   ● Emanuela. _____ ?
   ○ No, polacca. _____ ?
   ● Italiana. _____ ?
   ○ Studio l'italiano.
   ● _____ ?
   ○ Per lavoro.
   ● _____ , _____ ?
   ○ Agnieszka.
   ● Ah, sì, è vero.

16 Ascolta le parole e scrivile.

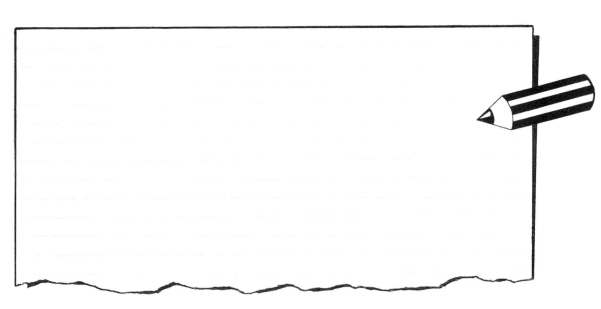

Mia sorella è medico

Guarda quest'albero genealogico e completa le frasi.

1. Arturo è il _____ di Adele.
2. Adele è la _____ di Angela e Enzo.
3. Enzo e Amelia sono i _____ di Stefano e Donatella.
4. Francesca è la _____ di Renato e Angela.
5. Angela è la _____ di Renato.

6. Stefano è il _____ di Donatella.
7. Arturo e Adele sono i _____ di Stefano, Donatella e Francesca.
8. Angela è la _____ di Arturo e Adele.
9. Enzo è il _____ di Stefano.

Completa con le forme adeguate del verbo **essere**.

1. Io _____ Anne, _____ inglese, di Londra. _____ in Italia per studiare l'italiano. A lezione _____ nove: Philip _____ australiano, Laura e Juliette _____ francesi, Barbara, Otto, Yannich e Detlev _____ tedeschi, Miriam e Paula _____ messicane.

2. ● Tu e Valerio _____ fratelli?
   ○ No, _____ cugini.

3. ● Come mai _____ in Italia?
   ○ Per studiare italiano.

4. ● Mohamed _____ marocchino.
   ○ Anche sua moglie?
   ● No, lei _____ italiana.

UNITÀ 4

3 Completa le frasi con le parole che mancano al plurale, seguendo il modello.

 John è inglese   *John e Philip sono inglesi*

1. Carlo ha una sorella.
2. La nonna di Margherita è di Roma.
3. Mio fratello si chiama Alessandro e ha un figlio.
4. La figlia della signora Rondoni vive a Firenze.
5. La penna è sul tavolo.
6. A lezione ho un compagno giapponese.
7. Il numero di telefono della scuola è sul tavolo.

Carlo ha due _____

I _____ di Margherita sono di Roma.

I miei _____ si chiamano Alessandro e Lorenzo. Alessandro ha due _____

Le _____ della signora vivono a Firenze.

Le _____ sono sul tavolo.

A lezione ho due _____

I _____ di telefono della scuola sono sul tavolo.

4 **a.** Ascolta i numeri e scrivili.

b. Ora scrivi in lettere i numeri dell'esercizio precedente.

5 Che lavoro fanno queste persone? Scrivilo sotto ai disegni.

6 Completa con **io**, **tu**, **lui** o **lei** se necessario.

1. ● _____ sono di Roma, e _____ ?
   ○ Anche _____

2. ● Mi può ripetere il suo nome?
   ○ _____ ? _____ mi chiamo Walter Arbolino.

3. ● Di dove sei?
   ○ _____ sono di Palermo, ma .... abito a Reggio.
   ● _____ sono di Bologna.

4. ● Lavora qui anche _____?
   ○ No, _____ lavora in una scuola di lingue.

5. ● Il signor Linari?
   ○ Sono _____

6. ● Sei _____ Lucia, vero?
   ○ No, non sono _____, _____ sono Raffaella. Lucia è _____

7 Scrivi le frasi seguendo il modello.

    Io/fratello/Luigi   *Mio fratello si chiama Luigi*

1. Io/fratello/Luigi
2. Lui/sorella/Raffaella
3. Io/madre/Mara
4. Lei/marito/Andrea

5. Tu/nonno/Fulvio?
6. Io/moglie/Lucilla
7. Lui/fratello/Sebastiano
8. Tu/sorella/Ester?

UNITÀ 4

8 Completa con le forme adeguate del **presente** dei verbi tra parentesi.

1. ● Come (**chiamarsi/tu**) _____?
   ○ Fabiana, e tu?
   ● Giuseppe.
   ○ Cosa (**fare**) _____?
   ● Io (**lavorare**) _____, e tu?
   ○ Io (**studiare**) _____, (**fare**) _____ legge.

2. ● Quanti anni (**avere**) _____ tua sorella?

3. ● Signora De Mauro, mi (**potere**) _____ dare il suo indirizzo?
   ○ Si, ma non (**abitare**) _____ a Roma.

4. ● Come (**chiamarsi**) _____ tuo padre?

5. ● Che lavoro (**fare**) _____ tuo fratello?
   ○ (**essere**) _____ impiegato. E tua sorella?
   ● (**studiare**) _____, (**fare**) _____ medicina.

6. ● Mi (**potere**) _____ lasciare il tuo telefono?

7. ● Io (**lavorare**) _____. Non (**potere**) _____ studiare.

8. ● E (**abitare**) _____ con i tuoi genitori?

9. ● Quanti anni (**avere**) _____ Lucia?

9 Qual è secondo te il mestiere di queste persone?

CRISTINA

Lavora in una scuola, ha molti studenti, usa la lavagna.

professione:

....

CARLO

Lavora in ospedale, vede i malati.

professione:

....

Sig.ra GIANNELLI

Lavora in casa.

professione:

....

GIANLUCA

Va all'università, legge molti libri.

professione:

....

DOMITILLA

Lavora in un ufficio, usa la macchina da scrivere e il telefono.

professione:

....

10 Scrivi le frasi seguendo il modello.

 Armando/meccanico

a. Armando è meccanico
b. Armando fa il meccanico

1. Armando/meccanico
2. Serena/medico
3. Giulia/casalinga
4. Sig. Ferranti/avvocato

5. Sig. Arbolino/architetto
6. Mariella/infermiera
7. Lucio/dentista
8. Paola/giornalista

11 Scrivi i dialoghi seguendo il modello.

 Padre/architetto

● *Cosa fa tuo padre?*
○ *E' architetto.*

Fratello/medicina

● *Cosa fa tuo fratello?*
○ *Studia medicina.*

1. Padre/architetto
2. Fratello/medicina
3. Madre/casalinga
4. Sorella/segretaria
5. Marito/giornalista

6. Fratello/architettura
7. Fratello/dentista
8. Sorella/matematica
9. Padre/ragioniere
10. Moglie/avvocato

12 Scrivi delle frasi seguendo il modello.

 Sorella, Luigina, Roma, 25 anni, architettura

Mia sorella si chiama Luigina, abita a Roma, ha venticinque anni e studia architettura.

1. Sorella, Luigina, Roma, 25 anni, architettura
2. Padre, Vittorio, Gaeta, 42 anni, ingegnere
3. Figlio, Francesco, Siena, 33 anni, medico
4. Madre, Teresa, Bolzano, 36 anni, insegnante

5. Fratello, Fabrizio, Milano, 25 anni, giornalista
6. Figlia, Paola, Verona, 20 anni, lingue
7. Marito, Roberto, Napoli, 34 anni, impiegato
8. Nonno, Mario, Agrigento, 78 anni, pensionato

13 Scrivi i dialoghi seguendo il modello.

 Schillaci/calciatore

● *Chi è Schillaci?*
○ *Un calciatore, credo.*

1. Schillaci/calciatore
2. Andreotti/politico
3. Scalfari/giornalista

4. Valentino/stilista
5. Patrese/pilota di Formula 1
6. Guttuso/pittore

14 Ora un po' di domande difficili. Se sai la risposta scrivila. Se non sei sicuro, usa **credo**. Se non la sai proprio, usa **non lo so**.

1. Chi è Giovanni Spadolini?
2. Dove abitava Natalia Ginzburg?
3. Dove abita il tuo insegnante?
4. Quante regioni ha l'Italia?
5. In che regione è Pisa?
6. Quanti anni hanno gli autori di questo libro?

7. Di dov'è Giorgio Bonacci?
8. Quanti anni ha Angelo Fabbri?
9. Cosa significa ISEF?
10. Cosa fa Giorgio Bonacci?
11. Sono sposati gli autori di questo libro?
12. Che significa IVA?

15 Scrivi tutto quello che sai di queste persone.

> Woody Allen è americano, di New York, ha circa 50 anni e fa l'attore e il regista.

16 Ripeti.

> 1. Mia sorella si chiama Eugenia.
> 2. Quanti fratelli hai?
> 3. Mi lasci il tuo indirizzo?
> 4. Cosa fa tuo padre?
> 5. Mio fratello studia architettura.
> 6. E questo chi è?
> 7. Mi chiamo Angelo Fabbri, ho 39 anni e sono medico.

17 Completa con l'aggettivo corrispondente.

1. Marie è _____ (Francia)
2. Giacomo è _____ (Italia)
3. Io sono _____ (Spagna)
4. Philip è _____ (Australia)
5. Lui è _____ (Germania)
6. Sono _____ (Austria)

18 Ti ricordi dell'unità 1? Scrivi perché i tuoi compagni studiano l'italiano.

Rikke studia l'italiano per lavoro

19 Leggi questo testo.

Mi chiamo Enrico Vicenti. Ho trentadue anni. Sono di Roma, ma abito a Genova da 4 anni. Sono qui per lavoro. Sono consulente aziendale alla ERG. Ho due sorelle e tre fratelli. Mio padre fa l'avvocato, e mia madre è medico psicanalista. La mia famiglia abita a Firenze. Sono sposato, e ho due figli maschi e una femmina. Mia moglie è spagnola, di Madrid. Lavora in un'impresa di costruzioni. Fa la segretaria d'azienda. Ha un fratello e una sorella. Abitano tutti e due a Madrid. Suo padre è medico e sua madre ha un negozio di abbigliamento. Il mio più caro amico si chiama Alberto. E' di Roma anche lui e ha la mia età. Fa il dentista. E' sposato da due anni e ha un bambino appena nato, Filippo. Sua moglie è giornalista.

Ora scrivi un testo simile nel quale parli di te, della tua famiglia, dei tuoi amici, ecc...

20 Ascolta le parole e scrivile.

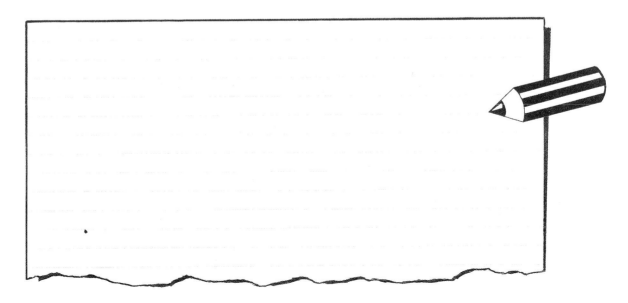

La mattina mi alzo sempre presto

1 In che momento della giornata si trovano queste persone? Scrivilo sotto ai disegni.

2 Completa con **il**, **la** o **l'**.

1. ● Fabrizio è _____ fratello di Lorenzo.

2. ● _____ lunedì lavoro.

3. ● Walter fa _____ architetto.

4. ● Come hai detto che è _____ cognome di Lucilla?

5. ● Devo fare _____ esercizio numero 5.

6. ● _____ mattina studio, _____ pomeriggio lavoro.

7. ● Cosa fa tua madre?
   ○ _____ avvocato.

8. ● Costanza è _____ moglie di Walter.

3 Rispondi alle domande.

1. Quando fai colazione? _____

2. Quando vai al cinema? _____

3. Quando vai in vacanza? _____

4. Quando vai a sciare? _____

5. Quando leggi? _____

6. Quando lavori? _____

7. Quando dormi? _____

4 Ricordi questa canzone? Completala.

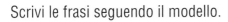

SABATO SERA

_____, com'è triste il _____ senza te
_____, com'è vuoto il _____ senza te
_____ ci potremo salutar solamente per telefono
come pure _____ e _____

Ma _____ _____ ti porto a ballare
ti potrò baciare, ti potrò baciare
Ma _____ _____ ti porto a ballare
e potrò restare con te
Ma _____ _____ ti porto a ballare
ti potrò baciare, ti potrò baciare
Ma _____ _____ ti porto a ballare
e potrò restare con te

_____, si comincia a lavorar, _____
_____ si comincia ad aspettar, _____
_____ un bacetto ti darò solamente per telefono
come pure _____ e _____

Ma _____ _____ ti porto a ballare
ti potrò baciare, ti potrò baciare
Ma _____ _____ ti porto a ballare
e potrò restare con te
...

5 Scrivi le frasi seguendo il modello.

    andare al cinema la sera   _**Non vado mai al cinema la sera**_

1. studiare dopo le nove
2. andare fuori il fine settimana
3. lavare la macchina

4. leggere il giornale
5. uscire la sera
6. prendere il caffè a colazione

6 Scrivi le frasi seguendo il modello.

riposarsi il pomeriggio   *Non mi riposo quasi mai il pomeriggio*

1. telefonare a Marcello
2. fare la doccia gelata
3. giocare a calcio

4. cenare al ristorante
5. alzarsi presto
6. fare la spesa la mattina

7 Scrivi le frasi seguendo il modello.

andare al mare   *Ogni tanto vado al mare*

1. vedere gli amici
2. scrivere una lettera
3. cucinare

4. guardare la TV
5. andare in palestra
6. fare un viaggio

8 Scrivi le frasi seguendo il modello.

alzarsi presto   *Mi alzo sempre presto*

1. lavorare il sabato
2. cenare tardi
3. fare la spesa la mattina

4. uscire in bicicletta
5. pranzare fuori
6. addormentarsi tardi

9 Completa seguendo il modello.

andare al cinema/tu   ● *Vai mai al cinema?*
         ○ **Qualche volta.**

1. andare al cinema/tu

● _____ ?
○ Qualche volta.

2. giocare a tennis/tu

● _____ ?
○ Solo d'estate.

3. andare in bicicletta/lei

● _____ ?
○ Sì. Quasi tutte le domeniche.

4. svegliarsi tardi/tu

● _____ ?
○ Io sì. Mia moglie invece si alza sempre alle sette.

5. andare al mare d'inverno/lei

● _____ ?
○ No. Preferisco la montagna.

6. fare viaggi all'estero/lei

● _____ ?
○ Certo! L'anno scorso sono stato in Grecia.

7. fare colazione a letto/tu

● _____ ?
○ No, mai. E' una cosa che non sopporto.

10 Completa con la **prima persona singolare** del **presente** dei verbi tra parentesi.

La mattina (**alzarsi**) _____ alle 8.00, (**fare**) _____ colazione e poi (**farsi**) _____ la doccia.
(**vestirsi**) _____ e (**uscire**) _____ verso le 9.00.
(**comprare**) _____ il giornale prima di andare in ufficio.
(**lavorare**) _____ tutta la mattina e (**pranzare**) _____ in un bar.
Il pomeriggio (**tornare**) _____ a casa e (**leggere**) _____, o (**riposarsi**) _____. Alle
4.00 (**iniziare**) _____ a studiare. (**studiare**) _____ tutto il pomeriggio.
La sera (**cenare**) _____ alle 9.00, poi (**guardare**) _____ la TV o (**uscire**) _____:
spesso (**andare**) _____ al cinema.
Non (**andare**) _____ quasi mai a cena al ristorante.

11 Completa con le forme adeguate del **presente** dei verbi tra parentesi.

1. ● Questa sera **(andare/io)** _____ al cinema con Mario.
   ○ Io non **(andare)** _____ mai al cinema la sera.
   ● E cosa **(fare)** _____?
   ○ Mah... **(leggere)** _____, **(guardare)** _____ la TV, **(invitare)** _____ gli amici...

2. ● Tuo fratello non **(leggere)** _____ mai?
   ○ No, quasi mai. **(uscire)** _____ sempre o **(lavorare)** _____.

3. ● **(uscire/tu)** _____ spesso il sabato sera?
   ○ No, non molto spesso.

4. ● La signora Di Chiara come **(chiamarsi)** _____ di nome?
   ○ Marisa.

5. ● Carlo **(uscire)** _____ mai con Pinella?
   ○ Sì, spesso.

6. ● Marzia cosa **(fare)** _____?
   ○ **(essere)** _____ medico.

12 Scrivi l'ora in lettere sotto gli orologi.

13 Scrivi i dialoghi seguendo il modello.

    (tu/12.35)

● *Scusa, mi puoi dire l'ora, per favore?*
○ *E' mezzogiorno e trentacinque.*

1. (tu / 12.35)
2. (tu / 17.50)
3. (lei / 11.25)
4. (tu / 1.15)

5. (tu / 9.30)
6. (lei / 10.05)
7. (lei / 16.45)
8. (tu / 7.55)

14 Scrivi i dialoghi seguendo il modello.

    (lei)
    (9.40)

● *Scusi, sa l'ora, per favore?*
○ *Le dieci meno venti.*

1. (lei / 9.40)
2. (lei / 20.10)
3. (lei / 17.00)
4. (tu / 9.45)

5. (tu / 11.25)
6. (lei / 22.05)
7. (tu / 0.30)
8. (lei / 17.55)

15 Uno dei due personaggi chiede l'ora all'altro. Come la chiede?

Scusi mi può dire l'ora?

16 Cosa dicono queste persone del tempo?

17 Copri il testo e ascolta le registrazioni. Com'è il tempo?
Puoi dare più di una risposta per ogni dialogo.

	bello	brutto	caldo	freddo	nuvoloso	sole	nebbia	pioggia	neve
1.	☐	☐	☐	☐	☐	☐	☐	☐	☐
2.	☐	☐	☐	☐	☐	☐	☐	☐	☐
3.	☐	☐	☐	☐	☐	☐	☐	☐	☐
4.	☐	☐	☐	☐	☐	☐	☐	☐	☐

Ora controlla le tue risposte ascoltando di nuovo i dialoghi e leggendone il testo.

1. ● A Londra in genere piove, spesso
c'è la nebbia e fa anche freddo.
○ Ma non c'è mai il sole?
● Quasi mai.

2. ● Ciao, come va?
○ Bene, ma fa un freddo...
● Piove?
○ No, fa solo freddo.

3. ● Com'è il tempo a Roma?
○ In estate fa molto caldo.

4. ● Uff... nevica.
○ Beh, possiamo andare a sciare...

18 Questa è una poesia che gli italiani imparano da bambini per ricordare quanti giorni hanno i mesi.
Leggila e poi completa le frasi.

> **T**renta giorni ha novembre,
> con april, giugno e settembre.
> Di ventotto ce n'è uno.
> Tutti gli altri ne han trentuno.

_____ ha 28 giorni.
_____, _____, _____ e _____, hanno 30 giorni.
_____, _____, _____, _____, _____, _____ e
_____ hanno 31 giorni.

19 Rispondi usando **generalmente** e **di solito** come nel modello.

☞ ● **Cosa fai il sabato sera?**
○ *Di solito rimango a casa.*

● **Quando leggi il giornale?**
○ *Generalmente la sera.*

1. Con chi vai al cinema?
2. Come vai al lavoro?
3. Chi rifà i letti a casa tua?
4. Chi stira a casa tua?
5. Chi cucina a casa tua?
6. Dove mangi la sera?
7. Quando fai la doccia?
8. Chi fa la spesa a casa tua?
9. Quando lavate i vetri?
10. A che ora fai colazione la mattina?

UNITÀ 5

20 Segui il modello.

  a. freddo ● *Che freddo!*

1. freddo
2. nebbia
3. pioggia
4. vento

5. caldo
6. neve
7. brutto tempo
8. sole

b. piove ● *Come piove!*

1. piove
2. nevica
3. grandina

21 Reagisci seguendo il modello.

● **Che freddo!**
○ *Eh sì, fa proprio freddo!*

1. Che brutto tempo!
2. Che caldo!
3. Che freddo!

22 Ascolta le parole e scrivile.

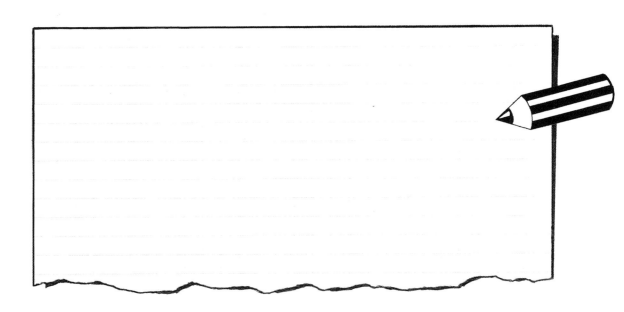

Mi piace molto sciare

1 Scrivi i dialoghi seguendo il modello.

(alzarsi/tu - verso le 7.15)

● *Di solito a che ora ti alzi?*
○ *Generalmente verso le sette e un quarto.*

1. (finire di lavorare/lei - 16.30)
2. (tornare a casa/Lei - verso le 18.00)
3. (uscire di casa/tu - 7.45)
4. (pranzare/lui - 13.30)
5. (andare a dormire/tu - verso le 23.00,24.00)
6. (cenare/Lei - 13.30)

2 Trasforma le frasi seguendo il modello.

Esco alle 24.00.

Esco verso mezzanotte

1. Carlo viene alle 15.00.
2. Mio figlio torna da scuola alle 16.00.
3. Faccio colazione alle 8.30
4. Piero pranza alle 12.00
5. Mia moglie va a dormire alle 23.00

3 Questi sono i programmi televisivi di RAI 2.
Completa i dialoghi con le domande e gli orari.

1. ● _____?
   ○ Alle otto e mezzo.
   ● Di mattina?
   ○ Ma no, di sera!

2. ● A che ora inizia Beautiful?
   ○ _____.

3. ● _____?
   ○ All'una.

4. ● Da che ora a che ora c'è Diogene?
   ○ _____.

5. ● _____ mio figlio vede l'Albero
   Azzurro.

6. ● _____?
   ○ _____.

Ora scrivi altri dialoghi di questo tipo,
basandoti ancora sui programmi di RAI 2

RAIDUE

7.00 PICCOLE E GRANDI STORIE Telefilm: Lassie. Cartoni: Babar

7.55 L'albero azzurro Per i più piccini

8.45 AGRICOLTURA NON SOLO

9.00 DSE - Campus - Filosofia e attualità

10.00 PROTESTANTESIMO

10.30 IL VAGABONDO Film (comm., Italia, 1941) con Macario, M. Benassi. Regia di C. Borghesio

11.50 TG2 - Flash

11.55 I FATTI VOSTRI Con Fabrizio Frizzi

13.00 TG2 - Ore Tredici - Meteo 2

13.45 SUPERSOAP - SEGRETI PER VOI
13.50 QUANDO SI AMA
14.45 SANTA BARBARA

15.35 DETTO TRA NOI Rotocalco del pomeriggio con P. Caselli e P. Vigorelli
Tua - bellezza e dintorni Conduce V. Antonini
15.50 Detto tra noi La cronaca in diretta
17.00 TG2 - Diogene

17.25 TG2 - Da Milano

17.30 SPAZIOLIBERO

17.55 ROCK CAFÉ

18.05 TGS - Sportsera

18.20 MIAMI VICE Telefilm

19.05 SEGRETI PER VOI
19.10 BEAUTIFUL Serie tv
Meteo 2 - Previsioni del tempo

19.45 TG2

20.15 TG2 - Lo Sport

20.30 L'ISPETTORE DERRICK Telefilm

21.35 MIXER

23.15 TG2 - Pegaso Fatti e opinioni

23.55 TG2 - Notte - Meteo 2 -Oroscopo

0.05 ROCK CAFÉ

0.10 Foyer di mezzanotte RICCARDO III di W. Shakespeare con C. Bene, L. Mancinelli, L. Morante

1.30 LE STRADE DI S. FRANCISCO TF
2.20 TG2 - Pegaso Fatti e opinioni (R)
3.05 GERVAISE Film
4.55 OCCHIO SUL MONDO "Lontano dal paradiso"
5.45 VIDEOCOMIC
6.20 DESTINI Teleromanzo

4 Ecco gli orari di lavoro di alcune persone. Scrivi delle frasi seguendo il modello.

Flaminia - commerciante - 10.00-19.00
Flaminia fa la commerciante, lavora dalle dieci alle sette.

1. Simona - segretaria - 9.00-13.00/14.30-18.30
2. Ignazio - insegnante - 8.00-13.00
3. Pasquale - barista - 6.00-14.00
4. Andrea - impiegato - 8.30-17.30
5. Tiziana - baby-sitter - 18.00-21.00

5 Rispondi usando **di solito** e **generalmente**.

- **Cosa fai la domenica?**
  ○ *Di solito vado al mare. / Generalmente vado al mare.*

1. ● Cosa fai la sera?
2. ● Cosa fa il fine settimana?
3. ● Cosa fa all'ora di pranzo?
4. ● Cosa fai il pomeriggio?
5. ● Cosa fa la domenica mattina?
6. ● Cosa fai il sabato sera?

6 Inventa i dialoghi seguendo il modello.

(tu/domenica mattina) - (giocare a tennis/spesso)

- *Di solito cosa fai la domenica mattina?*
  ○ *Vado spesso a giocare a tennis.*

1. (lei / sabato sera) - (andare in discoteca / spesso)
2. (tu / venerdì sera) - (andare al cinema / generalmente)
3. (lei / il pomeriggio) - (fare una passeggiata / qualche volta)
4. (tu / la sera) - (uscire con gli amici / quasi sempre)
5. (voi / il fine settimana) - (andare in montagna / sempre)
6. (tu / d'estate) - (restare a Roma / generalmente)

7 Ascolta Gaspare e Emanuela che parlano di una loro giornata tipo, e scrivi cosa fanno e a che ora.

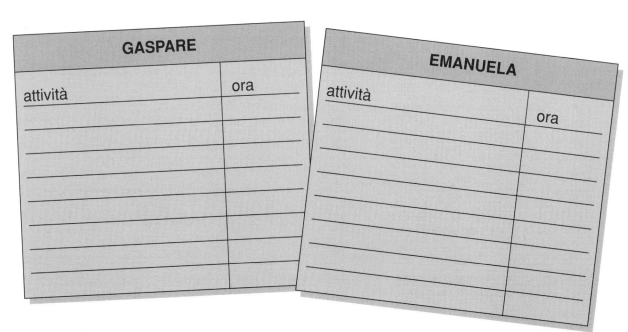

GASPARE	
attività	ora

EMANUELA	
attività	
	ora

8 Completa con le forme adeguate del **presente indicativo** dei verbi tra parentesi.

1. ● Io la mattina in genere non _____ **(mangiare)** niente, _____ **(prendere)** solo il caffè.
   ○ Beh, questo è tipico degli italiani. In altri paesi la gente _____ **(fare)** una colazione abbondante.
   ● Sì, ma io all'una _____ **(tornare)** a casa e _____ **(pranzare)** con tutta la famiglia.
   ○ Ah, beh... Io invece non _____ **(rientrare)** all'ora di pranzo. _____ **(mangiare)** sempre fuori.

2. ● I tuoi genitori non _____ **(venire)** mai a trovarti?
   ○ Qualche volta. In genere però _____ **(andare)** io da loro.

3. ● Sabato _____ **(andare/noi)** al mare con Lucia e Gabriele.
   ○ Beati voi! Noi invece _____ **(passare)** tutto il fine settimana a guardare la TV.

4. ● Non _____ **(andare/tu)** mai in montagna?
   ○ A volte, d'estate. Sai, non sopporto la neve e allora _____ **(andare)** più spesso al mare.

5. ● E Marina la mattina _____ **(alzarsi)** tardi?
   ○ No, non le piace. E poi la sera _____ **(andare)** a letto presto.

6. ● Stasera io e Luisa _____ **(cenare)** presto e poi _____ **(uscire).**
   ○ E dove _____ **(andare)**?
   ● Forse al cinema. Ma non lo so ancora.

7. ● Sai che Gianfranco e Silvia _____ **(uscire)** sempre insieme?
   ○ Sì, sì, lo so. Li _____ **(vedere/io)** spesso.

8. ● E in genere come _____ **(passare/voi)** la domenica?
   ○ Mah, la domenica in genere _____ **(giocare)** a tennis. Qualche volta io _____
      (giocare) a pallone e mia moglie _____ **(rimanere)** a casa, o...
   ● E tu non _____ **(rimanere)** mai a casa?
   ○ Solo quando piove.
   ● E cosa _____ **(fare/voi)?**
   ○ _____ **(giocare)** a carte, _____ **(guardare)** la TV. A volte _____ **(invitare)**
      degli amici.

9. ● Tu a che ora _____ **(alzarsi)** la mattina?
   ○ Quando _____ **(lavorare)** di mattina, il lunedì, il mercoledì e il venerdì, alle sette. Sennò
      quando _____ **(lavorare)** il pomeriggio, il martedì e il giovedì, verso le dieci, le undici, non so.
   ● E quando non _____ **(lavorare)** cosa fai?
   ○ Mah, _____ **(leggere)**, _____ **(uscire)** a fare una passeggiata, _____ **(fare)** la
      spesa... dipende.

9 Completa con gli articoli **il, lo, la, i, gli, le, l'**.

1. ● Cosa fai in genere ____ domenica?
   ○ Vado al mare.
   ● A me non piace ____ mare.

2. ● No, io non studio ____ italiano,
      studio ____ spagnolo.

3. ● Non mi ricordo ____ nome di Rubei.
   ○ Paolo.

4. ● ____ mattina lavoro.

5. ● Che fai?
   ○ Apetto ____ autobus.

6. ● Chi è?
   ○ ____ amica di Paula.

7. ● ____ italiani mangiano sempre ____ pasta?
   ○ Spesso.

8. ● Non mi piace ____ sport. Voglio vedere un film.

9. ● Chi è?
   ○ ____ fratello di Richard.

10. ● In estate ____ notti romane sono stupende.

11. ● ____ lunedì non lavoro.
    ○ Perché, cosa fai?
    ● ____ parrucchiera.

12. ● Dove sono ____ ragazzi?
    ○ Sono andati al bar.

13. ● Non mi piacciono ____ sport violenti.

10 Leggi questa lettera.

Caro Filippo,
ti scrivo da Pachino, un piccolo paese della Sicilia. Il posto non è molto bello ma il mare è meraviglioso! Cosa dire? Sono in vacanza!!! Il tempo è bellissimo, c'è sempre il sole e durante il giorno fa molto caldo. Spesso però la mattina c'è molto vento e allora non vado in spiaggia; a volte resto in albergo a leggere o dormire, il mercoledì vado al mercato del paese. Il sabato in genere compriamo il pesce fresco al porto, e lo cuociamo sulla spiaggia.
La sera esco con gli amici, andiamo a ballare o a prendere un gelato, sempre molto tardi perchè qui si cena verso le dieci, quando inizia a fare più fresco.
Insomma sto proprio bene. Se decidi di venire scrivimi. L'indirizzo è sulla busta.
Un bacio
Maddalena

Ora scrivi una lettera a un tuo amico in cui descrivi la tua giornata abituale.

11 Completa con **mi piace**, **mi piacciono**.

1. _____ molto sciare.
2. Non _____ per niente alzarmi tardi.
3. _____ guidare di notte.
4. _____ molto gli spaghetti.
5. Non _____ per niente le minigonne.
6. _____ molto i gelati italiani.
7. _____ le macchine piccole.
8. Non _____ per niente viaggiare in aereo.
9. _____ molto conoscere persone nuove.
10. _____ molto le lingue straniere.

12 Segui il modello

  a. studiare   ● *Mi piace molto studiare*

1. il caffè   4. il cinema
2. andare a teatro   5. la birra
3. cucinare   6. il vino

b. la neve   ● *Non mi piace per niente la neve*

1. il mare   4. prendere il sole
2. fumare   5. leggere
3. andare a letto presto   6. cantare

13 Esprimi i tuoi gusti riguardo a queste cose.

giocare a tennis   *Mi piace molto giocare a tennis*

1. cenare davanti alla TV   4. guidare la macchina
2. alzarsi presto   5. ascoltare la radio
3. ballare   6. andare al cinema

14 Completa con **anch'io, anche a me, io sì, io no, neanch'io, neanche a me, a me sì, a me no.**
Quando è possibile sottolinea il contrasto con **invece**.

1. ● Tu a che ora finisci di
       lavorare?
   ○ Alle due. E tu?

   ● _____

2. ● A me piace molto alzarmi
       tardi la mattina.

   ○ _____

3. ● Ieri sera sono stato
       al cinema.

   ○ _____

4. ● Devo telefonare a Marzia.
   ○ _____
   Adesso le telefoniamo insieme.

5. ● Mi piace tantissimo prendere il sole.
   ○ _____

6. ● Io non fumo.
   ○ _____

7. ● Io non so sciare.
   ○ _____

8. ● Io mangio molti dolci
   ○ _____

9. ● A me questa musica non piace per niente.
   ○ _____

15 Rispondi seguendo il modello.

● **Sono Italiano, di Roma.** ○ (io) *Anch'io.*

1. ● Mio fratello abita a Parigi. ○ (mia sorella)
2. ● La domenica mi alzo sempre presto. ○ (io)
3. ● Mia cugina fa l'infermiera. ○ (mia moglie)
4. ● Mio zio abita a Milano. ○ (mio fratello)

16 Rispondi seguendo il modello.

● **Mi piace andare al cinema.** ○ (io) *Anche a me.*

1. ● Mi piace fare la doccia fredda. ○ (io)
2. ● Mi piace sciare. ○ (noi)
3. ● A mio fratello piace molto il cinema. ○ (mia sorella)
4. ● Ci piace mangiare la pizza. ○ (noi)

17 Rispondi seguendo il modello.

● **In inverno non andiamo mai al mare.** ○ (noi) *Neanche noi.*

1. ● I miei figli non giocano mai a calcio. ○ (i miei)
2. ● Mio figlio non torna mai tardi la sera. ○ (il mio)
3. ● In settimana non ho mai tempo di leggere. ○ (io)
4. ● Non vado mai al cinema da solo. ○ (io).

18 Rispondi seguendo il modello.

● **Non mi piace la pizza.** ○ (io) *Neanche a me.*

1. ● Non mi piace il cibo cinese. ○ (noi)
2. ● Non mi piace uscire quando piove. ○ (io)
3. ● Non mi piace andare al mare. ○ (noi)
4. ● Non mi piace mettermi la cravatta. ○ (mio fratello)

19 Rispondi seguendo il modello.

● **Ogni mattina faccio la doccia fredda.** ○ (io, calda) *Io no, io la faccio calda.*

1. ● La domenica mi alzo sempre alle sette. ○ (io, alle otto)
2. ● Noi abitiamo a Parigi. ○ (noi, a Lione)
3. ● La domenica mi alzo sempre presto. ○ (io, tardi)
4. ● Mia moglie fa l'infermiera. ○ (io, non lavoro)
5. ● Ora abitiamo in centro. ○ (noi, in periferia)

20 Rispondi seguendo il modello.

● **Non esco mai dopo le dieci.** ○ (io, tutti i giorni) *Io sì, tutti i giorni.*

1. ● Non mi alzo mai prima delle otto. ○ (io, almeno tre volte a settimana)
2. ● Non vado mai a mangiare al ristorante. ○ (noi, tutti i giorni)
3. ● Non vado mai a ballare. ○ (noi, tutte le sere)
4. ● Non guardo mai la televisione. ○ (io, tutte le sere)

UNITÀ 6

21 Rispondi seguendo il modello.

- **Non mi piace alzarmi tardi.** (io) *A me invece sì.*

1. ● Non mi piace il cibo cinese. (io)
2. ● Non ci piace uscire la sera. (noi)
3. ● Non ci piacciono i film polizieschi. (noi)
4. ● Non mi piace leggere. (io)

22 Rispondi seguendo il modello.

- **Mi piace molto il cinema.** (io) *A me invece no.*

1. ● Mi piace molto la musica classica. (io)
2. ● Mi piace giocare a tennis. (io)
3. ● Ci piace andare in montagna d'estate. (noi)
4. ● Mi piace sciare. (io)

23 Scrivi le frasi usando **quando**, seguendo il modello.

Fa freddo. Rimango a casa. *Quando fa freddo rimango a casa.*

1. Piove . Arrivo sempre tardi. 4. Mi alzo tardi. Non faccio colazione.
2. Nevica. Non vado mai a lavorare. 5. Fa caldo. Vado al mare.
3. Non lavoro. Mi alzo tardi. 6. Ho tempo. Leggo.

24 Scrivi delle frasi seguendo il modello.

cena / guardare la televisione *Dopo cena guardo la televisione.*

1. il cinema / andare al ristorante 4. il lavoro / tornare a casa
2. pranzo / dormire un'oretta 5. la doccia / vestirsi
3. la merenda / giocare 6. la palestra / fare la sauna

25 Dì cosa ti piace fare in questi momenti.

la sera *La sera guardo la televisione.*

1. la mattina 5. il sabato sera
2. il pomeriggio 6. il lunedì pomeriggio
3. la sera 7. la domenica mattina
4. dopo pranzo 8. dopo cena

26 Qual è il momento della giornata che preferisci?_____
E qual è la stagione che preferisci? _____
Perché?

27

Scrivi i dialoghi (inventa le risposte) seguendo il modello.

- **Cosa fa Gorbaciov la domenica mattina?**
- *Secondo me lavora.*
- *Sì, anche secondo me.*
- *Secondo me invece si riposa.*

1. ● Cosa fa il Papa il sabato alle dieci di sera?

2. ● Cosa fa il Primo Ministro del tuo paese alle sei del mattino?

3. ● Cosa fa il tuo insegnante d'italiano la domenica mattina alle otto?

4. ● Cosa fa il Presidente della Repubblica la domenica sera?

5. ● Cosa fanno gli elefanti a mezzanotte?

28

Rispondi alle domande usando **mah**, **non so**, e **forse** secondo i modelli.

- **Chi è l'attore più famoso del mondo?**
- *Mah, non so, forse è Gregory Peck.*

- **Dov'è Trapani?**
- *Non lo so, forse è in Sicilia.*

- **Quanti anni ha Berlusconi?**
- *Mah, forse 60.*

1. Quanti libri ha scritto Moravia?
2. Quanti anni ha Cossiga?
3. Quanti canali TV si possono prendere a Roma?
4. Quanti laghi ha l'Italia?
5. Chi sono Anna Marchesini, Massimo Lopez e Tullio Solenghi?
6. Quanti anni ha il tuo insegnante?
7. Quanti abitanti ha l'Italia?

29

Riprendiamo i personaggi dell'attività 10 del libro dello studente. Scegline due e scrivi la loro giornata tipo.

operaio	medico	eremita	Uomo Ragno
dirigente	casalinga	filosofo	sportivo professionista
pubblicitario	studentessa	Superman	Presidente della
attore	ladro	King Kong	Repubblica
segretaria	scrittrice	Dracula	

30

Ascolta le parole e scrivile.

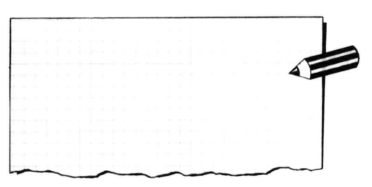

Senta, scusi, per andare al Colosseo?

1 Completa le frasi.

1. ● Dov'è la banca?
   ○ Vicino _____ tabaccaio.

2. ● Dov'è il supermercato?
   ○ Vicino _____ farmacia.

3. ● Dov'è il giornalaio?
   ○ Dietro _____ chiesa.

4. ● Sai dov'è l'ufficio postale?
   ○ Sì, è dietro _____ giornalaio,
   a destra _____ banca.

5. ● Dov'è l'alimentari?
   ○ Vicino _____ bar,
   a sinistra _____ tabaccaio.

6. ● Dov'è il ristorante?
   ○ E' dietro _____ ufficio postale.

7. ● Dov'è la chiesa?
   ○ A sinistra _____ ristorante.

8. ● Dov'è il tabaccaio?
   ○ È davanti _____ supermercato.

2 Come si chiamano i negozi che vendono queste cose?

3 Metti le parole nei rispettivi riquadri.

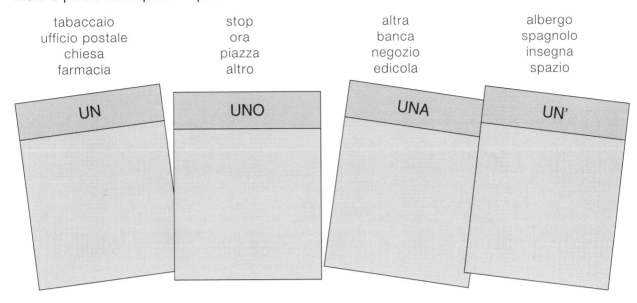

tabaccaio	stop	altra	albergo
ufficio postale	ora	banca	spagnolo
chiesa	piazza	negozio	insegna
farmacia	altro	edicola	spazio

UN	UNO	UNA	UN'

4 Completa con **il/lo/la/l'** o **un/uno/una/un'**.

1. ● Scusi, ___ ristorante "Piccola Capri"?
   ○ Dopo ___ piazza attraversa ___ ponte, poi ___ prima a destra. Non può sbagliare, è vicino al negozio di alimentari.

2. ● Sai se c'è ___ tabaccaio qui vicino?
   ○ Sì... Dopo ___ farmacia a destra.

3. ● Sto cercando ___ agenzia di viaggi, si chiama "Viaggiando nel mondo". Sai dov'è?
   ○ Sì, è qui vicino.

5 Completa.

1. ● Scusi, c'è _____ banca _____ vicino?
   ○ Sì, guardi... Dopo _____ chiesa _____ destra.

2. ● Scusa, _____ favore, _____ _____ un telefono _____ queste parti?
   ○ Sì, dietro _____ mercato.

3. ● _____, dov'è _____ cambio?
   ○ Prima porta _____ sinistra.

4. ● Scusa, sai _____ _____ via Cavour?
   ○ Guarda, gira qui _____ sinistra e poi _____ seconda _____ destra.

5. ● Senta, _____, c'è _____ bar qui _____?
   ○ _____, in fondo _____ questa strada.

6. ● _____, sai dov'è _____ cinema Fiamma?
   ○ Mi dispiace, non _____ so.

7. ● Mi scusi, _____ via Vespasiano?
   ○ _____ secondo semaforo _____ destra.

8. ● Senti, _____, _____ andare _____ stazione?
   ○ _____ prendere _____ 492.

9. ○ E' lontano?
   ● Mah... un quarto d'ora _____ piedi. Sennò _____ autobus 5 minuti.

UNITÀ 7

6 Ripeti.

1. Mi scusi, per andare a piazza Navona?
2. La prima a destra.
3. Al primo semaforo a sinistra.
4. Senti, scusa, lo Stadio Olimpico?
5. Dopo il ponte.
6. Dopo la piazza, al secondo incrocio a destra.
7. Deve prendere il 32.
8. E' lontano?
9. C'è una farmacia da queste parti?
10. Non lo so.

7 Guarda il disegno e rispondi.

1. Dov'è il giornalaio?
2. Dov'è l'ufficio postale?
3. Dov'è la chiesa?
4. Dov'è il ristorante?
5. Dov'è la farmacia?
6. Dov'è il bar?

8 Fai le domande seguendo il modello.

a. il Colosseo

● *Senti, scusa, per andare al Colosseo?*

1. il Duomo   2. via Cavour   3. il porto   4. piazza Dante

b. via Crescenzio

● *Senta, scusi, per andare a via Crescenzio?*

1. la Galleria degli Uffizi
2. i Musei Vaticani
3. la Basilica di San Pietro
4. la Mole Antonelliana

9 Ascolta le parole e scrivile. Attenzione alle doppie!

Mi serve un litro di latte

1 Unisci gli elementi del quadro di sinistra con quelli del quadro di destra.

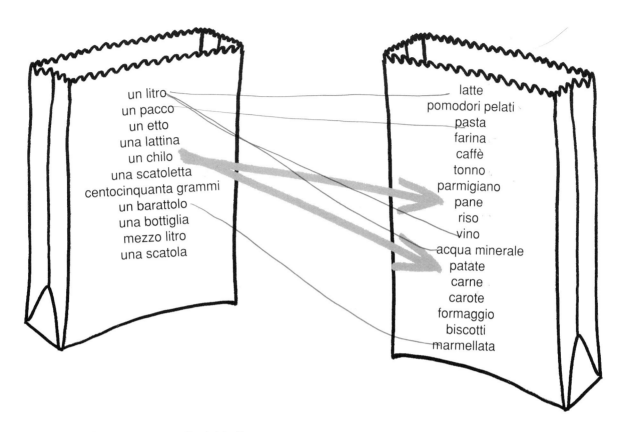

un litro
un pacco
un etto
una lattina
un chilo
una scatoletta
centocinquanta grammi
un barattolo
una bottiglia
mezzo litro
una scatola

latte
pomodori pelati
pasta
farina
caffè
tonno
parmigiano
pane
riso
vino
acqua minerale
patate
carne
carote
formaggio
biscotti
marmellata

2 Hai bisogno di queste cose. Scrivi la lista.

un litro di vino

3 Devi preparare la cena per 5 persone. Ecco alcune ricette. Fai la lista, ma attenzione! Le ricette sono per una sola persona, fai le moltiplicazioni necessarie.

ANTIPASTO DI MARE
60 g. di gamberetti
mezzo barattolo
di maionese
1 carota
1 sedano
50 g. di olive

SALTIMBOCCA ALLA ROMANA
1 fettina di vitella
1 fettina da 10g. di prosciutto crudo
50 g. di mozzarella
salvia

PASTA TONNO E PANNA
80 g. di spaghetti
50 g. di panna liquida
una scatoletta piccola
di tonno

INSALATA MISTA
50 g. di lattuga
100 g. di carote grattugiate
1 etto e mezzo di pomodori
1 peperone – bell pepper

TIRAMISÙ
4 biscotti secchi
1 uovo
100 g. di mascarpone
caffè   cacao

300 g. di gamberetti
1 barattolo grande di maionese

4 Scrivi la lista delle cose che sono sul tavolo usando **del/dello/della/dell'** o **dei/degli/delle**.

del latte,
dei biscotti

5 Completa usando **un po' di** o **qualche**.

1. ● Vorrei _un po' di_ pane.
   ○ Quanto?
   ● Mah... mezzo chilo.

2. ● Vorrei _un po' di_ mele.
   ○ Quante?
   ● Mah... un chilo.

3. ● Vorrei _qualche_ lattina di tonno.
   ○ Quante?
   ● Mah... tre o quattro.

4. ● Vorrei _qualche_ birra.
   ○ Quante?
   ● Mah... sei.

5. ● Vorrei _qualche_ scatola di fiammiferi.
   ○ Quante?
   ● Mah... due o tre.

6. ● Vorrei _un po di_ prosciutto.
   ○ Quanto?
   ● Mah... un etto e mezzo.

7. ● Vorrei _un po di_ insalata.
   ○ Quanta?
   ● Mah... tre etti.

8. ● Vorrei _qualche_ cioccolatino.
   ○ Quanti?
   ● Mah... una decina.

9. ● Vorrei _un po di_ fagioli.
   ○ Quanti?
   ● Mah... mezzo chilo.

10. ● Vorrei _____ pacco di pasta.
    ○ Quanti?
    ● Mah... quattro pacchi.

11. ● Vorrei _____ carne macinata.
    ○ Quanta?
    ● Mah... due etti.

12. ● Vorrei _qualche_ uovo.
    ○ Quanti?
    ● Mah... mezza dozzina.

6 Completa i dialoghi seguendo il modello.

● **Bastano queste uova?**
○ *Secondo me sono troppe.*
■ *Secondo me invece sono poche.*

1. ● Bastano questi biscotti?
   ○ _____
   ■ _____

2. ● Bastano queste mele?
   ○ _____
   ■ _____

3. ● Basta questa farina?
   ○ _____
   ■ _____

4. ● Basta quest'olio?
   ○ _____
   ■ _____

5. ● Basta questo riso?
   ○ _____
   ■ _____

6. ● Basta questa pasta?
   ○ _____
   ■ _____

7. ● Basta quest'acqua?
   ○ _____
   ■ _____

8. ● Bastano queste zucchine?
   ○ _____
   ■ _____

9. ● Bastano questi piselli?
   ○ _____
   ■ _____

10. ● Bastano queste pere?
    ○ _____
    ■ _____

UNITÀ 8

7 Ecco la cartina dell'Italia, divisa in regioni e con i capoluoghi.

TRENTINO-ALTO ADIGE
886.679
Trento

VALLE D'AOSTA
115.270
Aosta

FRIULI-VENEZIA GIULIA
1.202.877
Trieste

LOMBARDIA
8.911.995
Milano

VENETO
4.385.023
Venezia

Torino

PIEMONTE
4.357.559

EMILIA-ROMAGNA
3.921.597
Bologna

Genova

LIGURIA
1.727.212

MARCHE
1.430.726

Firenze

TOSCANA
3.560.582

Ancona

820.316
Perugia
UMBRIA

ABRUZZO
1.266.448

LAZIO
5.170.672
Roma

L'Aquila

MOLISE
335.348

Campobasso

PUGLIA
4.069.359

SARDEGNA
1.657.562

CAMPANIA
5.808.705
Napoli

Bari

Potenza

BASILICATA
623.175

Cagliari

CALABRIA
2.152.539

Palermo

SICILIA
5.172.785

Reggio Calabria

a. Ora completa con i nomi delle regioni.

il Lazio _____ ha.: cinque milioni centosettantamilaseicentosettantadue abitanti

_____ ha.: un milione settecentoventisettemiladuecentododici abitanti

_____ ha.: quattro milioni trecentottantacinquemilaventitré abitanti

_____ ha.: due milioni centocinquantaduemilacinquecentotrentanove abitanti

_____ ha.: seicentoventitremilacentosettantacinque abitanti

_____ ha.: tre milioni cinquecentosessantamilacinquecentottantadue abitanti

_____ ha.: un milione duecentosessantaseimilaquattrocentoquarantotto abitanti

_____ ha.: trecentotrentacinquemilatrecentoquarantotto abitanti

_____ ha.: centoquindicimiladuecentosettanta abitanti

_____ ha.: otto milioni novecentoundicimilanovecentonovantacinque abitanti

_____ ha.: un milione seicentocinquantasettemilacinquecentosessantadue abitanti

_____ ha.: cinque milioni centosettantaduemilasettecentottantacinque abitanti

_____ ha.: quattro milioni trecentocinquantasettemilacinquecentocinquantanove abitanti

_____ ha.: ottocentottantaseimilaseicentosettantanove abitanti

_____ ha.: tre milioni novecentoventunomilacinquecentonovantasette abitanti

_____ ha.: ottocentoventimilatrecentosedici abitanti

_____ ha.: cinque milioni ottocentoottomilasettecentocinque abitanti

_____ ha.: quattro milioni sessantanovemilatrecentocinquantanove abitanti

_____ hanno: un milione quattrocentotrentamilasettecentoventisei abitanti

_____ ha.: un milione duecentoduemilaottocentosettantasette abitanti

b. Scrivi in lettere il numero degli abitanti di queste città italiane.

☞ Torino   1.002.863   *un milione duemilaottocentosessantatré*

Aosta	36.339
Milano	1.449.403
Genova	706.754
Trento	101.416
Venezia	320.990
Trieste	233.047
Bologna	417.410
Firenze	413.069
Perugia	149.261
Ancona	103.454
Roma	2.803.931
L'Aquila	67.348
Campobasso	51.206
Napoli	1.204.149
Bari	355.352
Potenza	68.046
Reggio Calabria	178.620
Palermo	731.418
Cagliari	219.095

UNITÀ 8

8 Chiedi queste cose senza precisare la quantità, usando **mi serve/mi servono** come nel modello.

    a. uova　　　　　　● *Mi servono delle uova*

1. mele　　　　　　3. spaghetti
2. biscotti　　　　　4. patate

　b. latte　　　　　● *Mi serve del latte*

1. olio　　　　　　3. pane
2. farina　　　　　4. vino

c.

1. zucchero　　　　5. carne
2. formaggio　　　　6. soldi
3. prosciutto　　　　7. acqua
4. pomodori　　　　8. zucchine

9 Ascolta le parole e scrivile. Attenzione alle doppie!

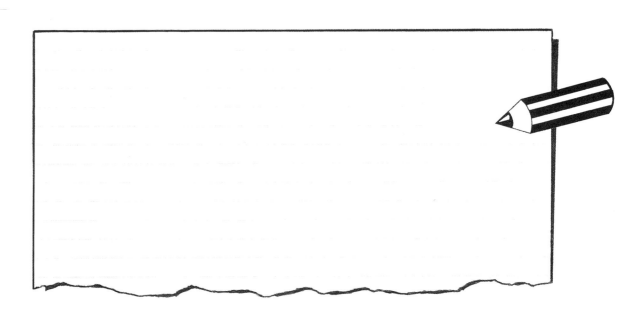

Tu quale preferisci?

1 Completa le frasi usando la forma adeguata del **presente indicativo** dei verbi tra parentesi.

1. Quando **(finire, tu)** _____ di lavorare?
2. **(preferire, voi)** _____ cenare a casa o fuori?
3. Mario **(preferire)** _____ il caffè o il tè?
4. Guarda questi orologi. Quale **(preferire)** _____ ?
5. Appena **(finire, noi)** _____, vi chiamiamo.
6. Quando **(finire)** _____ la scuola?
7. Quella macchina non mi piace, **(preferire, io)** _____ le macchine sportive.
8. Quest'anno le vacanze estive **(finire)** _____ il 24 settembre.

2 Rispondi usando **questo/a/i/e** o **quello/a/i/e.**

1. ● Che belle scarpe!
   ○ Quali, _____ marroni?
   ● No, _____ nere, a sinistra.

2. ● Volevo un pezzo di parmigiano.
   ○ _____ va bene?
   ● No, mi dia _____ lì, _____ più piccolo.

3. ● Guarda, _____ è una foto della mia famiglia. _____ sono i miei genitori,
   _____ è mia nonna e _____ sono le mie sorelle.
   ○ E _____ chi è?
   ● Ah… _____ è mio zio Filippo.

4. ● _____ negozio ha degli orologi bellissimi.
   ○ Sì, è vero… _____ ti piace?
   ● Quale?
   ○ _____ qui davanti.

3 Rispondi alle domande seguendo il modello.
Ricorda che non sai il nome dell'oggetto, ma sai a cosa serve.

● **Cos'è questo?**
○ *E' una cosa per lavarsi i denti.*

1. ● Cos'è questo?
   ○ _____ .

2. ● Cos'è questo?
   ○ _____ .

3. ● Cos'è questo?
   ○ _____ .

4. ● Cos'è questo?
   ○ _____ .

5. ● Cos'è questo?
   ○ _____ .

6. ● Cos'è questo?
   ○ _____ .

UNITÀ 9

4 Ripeti.

> 1. Cosa prendi?
> 2. Io una Coca-cola.
> 3. Un cappuccino, per favore.
> 4. Per me una birra.
> 5. Quant'è?

5 Ascolta queste persone che chiedono quanto devono pagare e scrivi i prezzi.

a	_____	b	_____	c	_____
d	_____	e	_____	f	_____

6 Ripeti.

> 1. Volevo un litro di latte.
> 2. Vorrei del vino rosso.
> 3. Avete francobolli?
> 4. Scusi, quanto costano questi?
> 5. E quanto viene?

7 Sei in un negozio. Chiedi queste cose seguendo il modello.

 a. un chilo di mele   ● *Volevo un chilo di mele*

1. due etti di burro   4. una scatola di fiammiferi
2. dei biscotti   5. cinque cartoline
3. un pacco di spaghetti

 b. un paio di jeans   ● *Vorrei vedere un paio di jeans*

1. delle camicie di seta   4. quella borsa che è in vetrina
2. una cravatta   5. un paio di scarpe da tennis
3. quella gonna

8 Segui il modello.

  gelati   ● *Avete gelati?*

1. buste da lettera   4. detersivi
2. libri per bambini   5. matite colorate
3. quaderni

9 Come sei vestito in questo momento? Fai la lista.

10 E queste persone, che vestiti indossano?

11 Completa con **quel/quello/quella/quei/quegli/quelle.**

1. ● Guarda _____ scarpe, ti piacciono?
    ○ _____ marroni?
    ● No, _____ a sinistra, davanti a _____ borsa nera.

2. ● Vedi _____ ragazzi vicino alla macchina? Sono in classe con me...
    ○ Anche _____ biondo?

3. ● Vieni, ti presento mio padre. E' _____ signore con i capelli bianchi e gli occhiali.
    ● E _____ altri chi sono?
    ○ _____ con il cappello nero è mio zio Nicola, _____ due signore con la pelliccia sono zia Pina e zia Gina.

12 Completa le parole.

un libro bianc___
una penna ner___
una borsa marron___
due maglioni grig___
delle tazze ner___
delle scarpe marron___
una giacca verd___
un ombrello azzurr___ e verd___

un televisore ner___
dei guanti ner___
degli occhiali marron___
un orologio bl___
una gonna bl___
delle camicie giall___ e verd___
dei pantaloni giall___ e verd___
delle borse grig___

13 Scrivi le risposte seguendo il modello.

● **Quale preferisci? (centro)**   ○ *Quello al centro.*

1. ● Quale preferisci? (destra)
   ○ _____

2. ● Quale preferisci? (verde)
   ○ _____

3. ● Quale preferisci? (a destra)
   ○ _____

4. ● Quale preferisci? (nera)
   ○ _____

5. ● Quali preferisci? (rossi)
   ○ _____

6. ● Quali preferisci? (gialle, a sinistra)
   ○ _____

7. ● Quale preferisci? (in alto)
   ○ _____

8. ● Quale preferisci? (bianca, in basso a destra)
   ○ _____

14 Ascolta le parole e scrivile. Attenzione alle doppie!

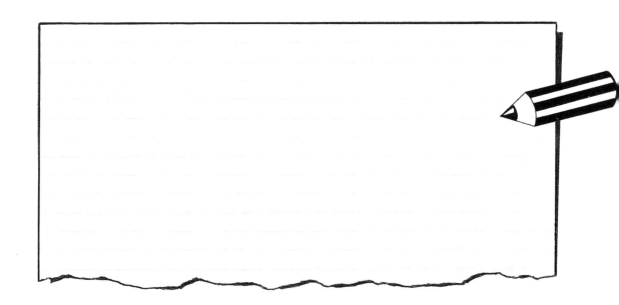

Vi va di andare a casa di Betta?

1   Scrivi le frasi seguendo il modello.

andare a trovare Mauro/tu　　　　*Ti va di andare a trovare Mauro?*

1. andare al cinema/tu
2. bere qualcosa/voi
3. fare una passeggiata/tu

4. prendere un gelato/voi
5. venire a casa nostra/voi
6. andare al mare domenica/tu

2   Segui il modello.

andare da Sandro　　　　● *Andiamo da Sandro?*

1. andare a cena fuori
2. uscire con Alessandra e Luca
3. andare in piscina

4. prendere un caffè
5. mangiare qualcosa
6. chiamare Giuliana

3   Rispondi negativamente alle proposte che hai scritto negli esercizi 1 e 2.
Ricordati che devi dare una giustificazione!

● **Ti va di andare a trovare Mauro?**
　Scusa, ma adesso non posso.

● **Andiamo da Sandro?**
　Va bene.

4 Rispondi usando **tra** o **fra**.

1. ● Quando torni?
　　_____

2. ● Ci vediamo fra cinque minuti qui?
　　_____

3. ● Quando mangiamo?
　　_____

4. ● Quando arrivano i nonni?
　　_____

5. ● Quando ti danno la risposta?
　　_____

6. ● Quando vedi Pietro?
　　_____

5 Ripeti.

1. Ti va di uscire?
2. Vi va di venire da me?
3. Perché non chiamiamo Andrea?
4. Torniamo a casa?
5. Sì, va bene.
6. OK.
7. No, mi dispiace, non posso. Devo studiare.
8. Veramente non mi va molto. Ho un po' di mal di testa.

6   Scrivi le frasi usando la forma appropriata dei verbi **andare** e **piacere**.

andare/tu/ballare　　　　*Ti va di ballare?*

1. piacere/voi/alzarsi presto ?
2. piacere/lei/guardare la televisione ?
3. andare/loro/uscire con noi ?
4. piacere/lui/la birra ?

5. andare/voi/venire con me ?
6. piacere/io/giocare a pallone
7. andare/noi/vedere Anna
8. andare/tu/mangiare un panino ?

7 Completa i dialoghi usando, quando occorrono, i **pronomi complemento indiretto** appropriati.

1. • _____ va di andare a trovare Massimo?
   ○ _____ sì.
   □ _____ no. Ho molto da fare.

2. • _____ va di uscire con me oggi pomeriggio?
   ○ Sì, va bene.

3. • _____ va di mangiare qualcosa,
   signor Meazza?

4. • _____ va di passare a casa più tardi,
   signori De Filippis?

5. • _____ va di andare a vedere l'ultimo film
   di Soldini?
   ○ _____ sì!
   □ Anche _____ .

6. • _____ va di cenare qui domani?
   ○ _____ sì... e _____?
   □ OK, d'accordo.

8 Rispondi a queste proposte con un'alternativa.

           • **Ci vediamo alle nove?**
           ○ *Alle nove non posso, facciamo alle dieci?*

1. • Ti passo a prendere alle quattro.
   ○ _____

2. • Aspettami davanti a scuola a mezzogiorno.
   ○ _____

3. • Mi telefoni alle otto?
   ○ _____

4. • Vi chiamiamo alle undici.
   ○ _____

5. • Vengo da te alle tre.
   ○ _____

6. • Allora la aspetto alle sei.
   ○ _____

9 Completa con le forme adeguate del presente di **dovere, potere, volere** e **venire.**

1. • Ti va di cenare con me?
   ○ Mi dispiace ma non (potere) _____, stasera (dovere) _____ vedere mio padre:
   (volere)_____ assolutamente parlarmi di un lavoro.

2. • Marco e Antonella non (potere)_____ uscire e quindi (volere) _____ che andiamo
   noi da loro.

3. • Avete da fare domani pomeriggio?
   ○ Sì, (dovere, noi)_____ studiare, ma se (volere, voi)_____ ci (potere, noi)
   _____ vedere la sera. Perché non (venire, voi)_____ a trovarci?

4. • Oggi (volere, io)_____ andare a comprare delle scarpe nuove. Mi accompagni?
   ○ Non (potere, tu)_____ aspettare un giorno? Oggi (dovere) _____venire Luigi
   e Marco a studiare qui da me.

5. • Dottoressa Tozzi, (potere)_____ aspettare un momento? Il direttore
   (venire)_____ subito.

6. • Per me, (potere, noi) andare quando (volere, noi)_____: io sono pronta.

7. • Cosa (dovere, voi)_____ fare domani?
   ○ Niente di importante, perché?
   • Se (volere, voi)_____, (potere, voi)_____ venire a pranzo da me.

10 Rispondi a questi biglietti che hai trovato a casa.
Proponi delle alternative in modo da poter accettare tutte le proposte.

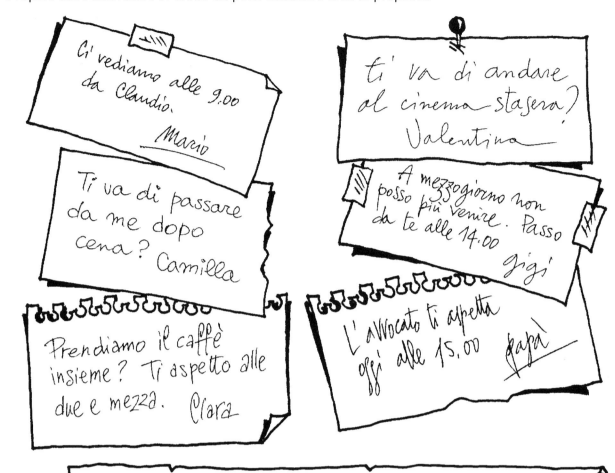

Ci' vediamo alle 9.00 da Claudio.
Mario

Ti va di andare al cinema stasera?
Valentina

Ti va di passare da me dopo cena? Camilla

A mezzogiorno non posso più venire. Passo da te alle 14.00
gigi

Prendiamo il caffè insieme? Ti aspetto alle due e mezza. Clara

L'avvocato ti aspetta oggi alle 15.00 papà

Clara, alle due e mezza non posso. Facciamo alle due?

11 Ripeti.

1. Come rimaniamo?
2. Dove ci vediamo?
3. Va bene a casa mia?
4. Quando ci vediamo?
5. Facciamo domani sera?
6. A che ora ci vediamo?
7. Va bene alle otto?
8. No, sarebbe meglio dopo cena.

12 Ascolta le parole e scrivile. Attenzione alle doppie!

Buongiorno, sono Marcella. C'è Franco?

1 Ripeti.

1. Pronto?	5. In questo momento non c'è.
2. Chi parla?	6. No, ha sbagliato numero.
3. Un attimo.	7. Non è il 325.30.54?
4. Ora te la passo.	8. Che numero ha fatto?

2 Segui il modello.

Franco ● *Buongiorno, posso parlare con Franco?*

1. Filippo   4. Monica
2. Francesca   5. Alessandra
3. Giorgio   6. Marta

3 Ricostruisci i dialoghi mettendo le frasi nell'ordine giusto.

1.
● Va bene, lo chiamo più tardi.
○ Ciao Andrea. Livio in questo momento è occupato.
● Arrivederci.
● Pronto?
● Buongiorno signora, sono Andrea Bonelli. Posso parlare con Livio?
○ D'accordo, ciao.

2.
● Il dottor Mancini, per favore?
○ Chi lo desidera?
● Grazie, buonasera.
○ Buonasera, Istituto Pozzi.
○ Attenda un attimo in linea, prego.
● Guglielmi.

3.
● Ciao Carmelo, te la passo.
○ Ciao, c'è Valeria?
● Sì?
○ Sono Carmelo.
● Sì, chi la vuole?

4.
● Buongiorno, posso parlare con Francesco?
○ Mi dispiace, ha sbagliato.
● Francesco Dentice.
○ Come scusi?
● Mi scusi, buongiorno.
○ Pronto?

4 Completa i dialoghi.

1. ● Pronto?
   ○ _____. _____?
   ● Ciao Monica. Mi dispiace, Mario è fuori.
   ○ _____?
   ● Di solito alle nove è a casa.
   ○ _____.
   ● Ciao.

2. ● Studio Marinetti, buongiorno.
   ○ _____. _____?
   ● Chi la desidera?
   ○ _____.
   ● Un momento, prego.

3. ● _____?
   ○ Posso parlare con la signora Maria?
   ● _____?
   ○ Sono la sorella.
   ● _____.

5 Segui il modello.

 il 113   ● *Mi scusi, non è il 113?*

   1. il 335.10.79   4. la SEA
   2. la Banca Nazionale del Lavoro   5. casa Fantozzi
   3. lo Studio 20   6. il 628.05.74

6 Scrivi le frasi seguendo il modello.

Voi/potere/noi/chiamare stasera   *Ci potete chiamare stasera?*

   1. Tu/potere/me/passare a prendere   5. Noi/dovere/a te/parlare subito
      più tardi?
                                            6. Lei/volere/noi/vedere domani
   2. Loro/dovere/a te/telefonare alle
      nove?   7. Noi/potere/a lui/fare un bel regalo

   3. Lui/volere/voi/vedere presto   8. Voi/potere/a me/chiamare sabato?

   4. Tu/volere/a lei/lasciare un   9. Voi/dovere/lei/chiamare presto
      messaggio?
                                            10. Tu/dovere/lei/incontrare martedì

7 Scrivi le frasi usando il verbo **stare + gerundio**, come nel modello.

 Loro/ascoltare la musica   *Stanno ascoltando la musica.*

   1. Io/cucinare   6. Tu/studiare?
   2. Noi/guardare la televisione   7. Io/lavorare
   3. Voi/dormire   8. Voi/dormire?
   4. Gianni/scrivere   9. Noi/uscire
   5. Lei/fare la doccia   10. Angelo/finire la traduzione

8   Completa le frasi usando i pronomi complemento diretto **lo** e **la**.

1. ● Buongiorno, sono Lorenzo. C'è Andrea?
   ○ Ciao Lorenzo. Adesso te ___ passo.

2. ● Posso parlare con Annalisa?
   ○ ___ chiamo subito.

3. ● Come sta Marco?
   ○ Non _____ vedo da tempo.

4. ● Hai notizie di Federica?
   ○ ___ vedo stasera.

5. ● Perché non andiamo da Rossella?
   ○ D'accordo. Adesso _____ chiamo e vediamo se è in casa.

6. ● Posso parlare con Arturo?
   ○ Ora è occupato. _____ puoi richiamare più tardi?

9   Trasforma le frasi usando **me lo/la/li/le, te lo/la/**..., secondo il modello.

Lascio un messaggio a Marta.   *Glielo lascio.*

1. Diamo il regalo a Filippo
2. Fate una telefonata ai nonni.
3. Porta un libro a me.
4. Dico una cosa a voi.

5. Racconto una storia a te.
6. Scrivo una lettera a lei.
7. Preparo un panino a voi.
8. Raccontate il film a Tullio e Gigi.

10   Ripeti.

1. Vuole lasciare un messaggio?
2. No, grazie, non fa niente.
3. Posso lasciare un messaggio?
4. Sì, certo, dimmi.
5. Gli puoi dire che ho chiamato?
6. Le può dire di chiamarmi?
7. Si sente malissimo!
8. Non sento. Puoi parlare più forte?
9. Aspetta, che richiamo.

11   Ricostruisci i dialoghi, mettendo in ordine le frasi.

1. ● Pronto?
   ○ Le posso lasciare un messaggio?
   ● Carla è fuori.
   ○ Le dica che ha telefonato Daniela. Daniela Poletti. Le dica di chiamarmi alle quattro in farmacia.
   ● Sì, certo, dimmi.
   ○ Buongiorno. Posso parlare con Carla, per favore?

2. ● No, qui è il 538447.
   ○ C'è l'architetto De Paolis?
   ● Sì?
   ○ Non è il 538445?
   ● Non è qui.

3. ● Aspetta, che richiamo.
   ○ Pronto? Pronto?
   ● Chiara, sono Giulia, mi senti?
   ○ Non si sente niente.
   ● Pronto, Chiara?

12 Completa i dialoghi.

1. ● _____?
   ○ Buongiorno, sono Franco. Posso parlare con Michele, per favore?
   ● _____. _____?
   ○ No, grazie, non fa niente. Lo richiamo più tardi.

2. ● _____?
   ○ _____?
   ● Chi lo desidera?
   ○ _____.
   ● _____.
   ○ Grazie.

3. ● Pronto, Marisa?
   ○ _____?
   ● Mi senti?
   ○ _____. _____?
   ● La linea è disturbata. Aspetta che richiamo.

13 Ascolta i dialoghi e scrivi sui bigliettini i messaggi che lasciano queste persone.

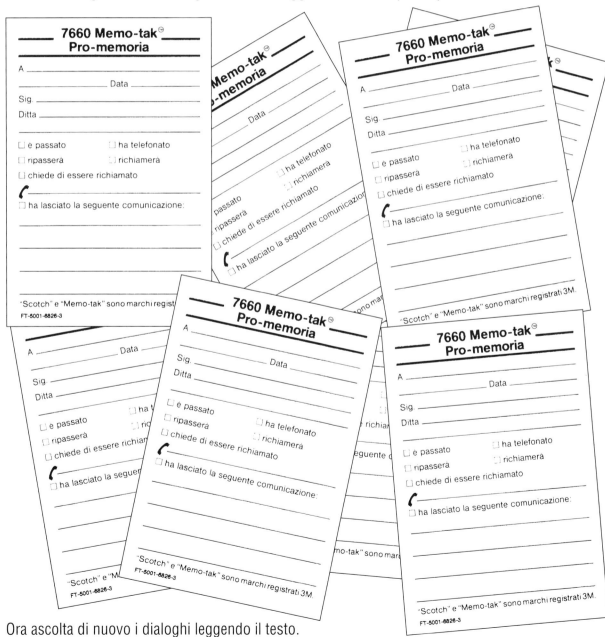

Ora ascolta di nuovo i dialoghi leggendo il testo.

14 Guarda questa pagina dell'elenco telefonico. A quale numero ti rivolgi se...

1. ...devi telefonare a un amico che vive in Norvegia, ma non ricordi il numero?
_____

2. ...il tuo telefono non funziona?
_____

3. ...hai bisogno di sapere l'indirizzo di una persona di cui conosci solo il numero di telefono?
_____

4. ...devi spedire un telegramma negli Stati Uniti?
_____

12
Informazioni elenco abbonati

Il servizio fornisce gratuitamente:
● i numeri telefonici di nuovi abbonati non ancora compresi negli elenchi ufficiali
● l'orario dei posti telefonici pubblici.

Il servizio fornisce anche (con addebito pari a tre scatti per ogni singola richiesta):
● i numeri telefonici di abbonati già compresi negli elenchi ufficiali
● gli indirizzi ed i numeri civici degli abbonati
● i nominativi di abbonati dei quali sia noto il numero telefonico.

Informazioni interurbane internazionali e intercontinentali

Informazioni gratuite su:
● tariffe e relativi orari di applicazione
● indicativi (prefissi) nazionali e di Stati Esteri
● elenco abbonati esteri.

Per dette informazioni riferite:
— al servizio interurbano   175
— al servizio internazionale   176
— al servizio intercontinentale   170

Per segnalazioni difficoltà telefoniche intercontinentali **172-3535**
Il servizio è attivo nei principali distretti.
N.B. Per ulteriori informazioni vedere pagg. 10-11, 12-13, 14-15, 16-17 e 18.

Prenotazioni interurbane internazionali e intercontinentali

Prenotazione comunicazioni interurbane tramite operatore (vedere pagina 12)   **10**
Prenotazione comunicazioni internazionali verso l'Europa e il bacino del Mediterraneo tramite operatore (vedere pagina 15)   **15**
Prenotazione comunicazioni intercontinentali tramite operatore (vedere pagina 17)   **170**

119
Assistenza per il servizio radiomobile

Il servizio di assistenza per il radiomobile **119** è disponibile per il cliente 24 ore su 24. Il servizio è gratuito.

182
Segnalazione guasti di apparecchi normali e pubblici

L'utente dovrà comporre, dopo il **182**, il numero che desidera segnalare guasto, seguendo le istruzioni di un messaggio registrato. Per i telefoni pubblici incustoditi il numero è riportato sull'apparecchio. Il servizio è gratuito.

183
Segnalazione guasti di impianti interni speciali

(intercomunicanti e a centralino)

L'utente dovrà comporre, dopo il **183**, il numero che desidera segnalare guasto, seguendo le istruzioni di un messaggio registrato. Il servizio è gratuito.

186
Dettatura telegrammi nazionali ed esteri

L'addebito, oltre alla normale tassa telegrafica, è di L. 1.000 o di L. 1.200 (a seconda che l'ufficio dettatura di competenza sia situato nello stesso settore oppure in altro settore del distretto) per ogni telegramma in partenza e di L. 250 per ogni telegramma in arrivo. Sarà considerato come mittente il titolare dell'apparecchio telefonico dal quale viene dettato il telegramma.

15 Ascolta le parole e scrivile. Attenzione alle doppie!

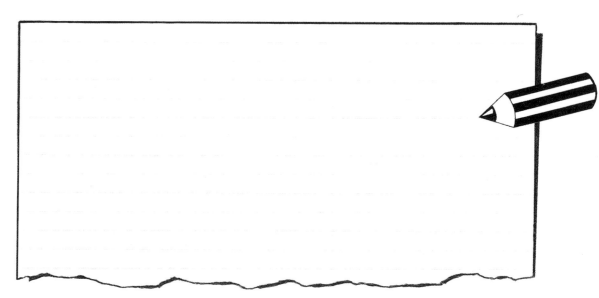

Venerdì sera sono andato a una festa

1 Quando hai fatto queste cose? Unisci le due colonne con una freccia.

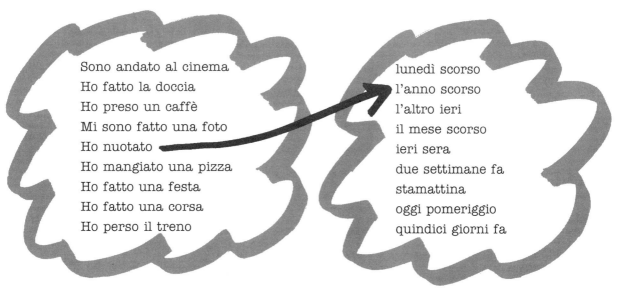

Sono andato al cinema
Ho fatto la doccia
Ho preso un caffè
Mi sono fatto una foto
Ho nuotato
Ho mangiato una pizza
Ho fatto una festa
Ho fatto una corsa
Ho perso il treno

lunedì scorso
l'anno scorso
l'altro ieri
il mese scorso
ieri sera
due settimane fa
stamattina
oggi pomeriggio
quindici giorni fa

 Ora scrivi delle frasi seguendo il modello.

 L'altro ieri sono andato al cinema.

2 Completa i dialoghi con il **participio passato** dei verbi tra parentesi.

1. ● Hai mai **(mangiare)** _mangiato_ in questo ristorante?
   ○ No, non ci sono mai **(essere)** _stato_.

2. ● Avete **(scrivere)** _____ voi queste cose sul muro?
   ○ Noi no. Sono **(essere)** _stati_ quei ragazzi laggiù, vicino al bar.

3. ● Il dottor Carbonell ha **(tenere)** _tenuto_ un seminario sulla danza spagnola.
   ○ Ma non ha **(parlare)** _parlato_ di musica classica?

4. ● Hanno **(pulire)** _pulito_ la strada?
   ○ Sì. Io sono **(passare)** _passato_ ieri ed era tutta sporca.

5. ● Avete **(vedere)** _visto_ Adele?
   ○ Ha **(dire)** _detto_ che andava a casa.

6. ● Lo sai che è **(morire)** _morto_ il signor Gennaro?
   ○ Ma se l'ho **(vedere)** _visto_ ieri!

7. ● Quante persone sono **(venire)** _venute_ alla festa?
   ○ Non lo so. Me lo sono **(chiedere)** _chiesto_ anch'io.

8. ● Davvero ti hanno **(rubare)** _rubato_ tutto appena sei **(arrivare)** _arrivato_ a Milano?
   ○ Eh già.

9. ● Che ha **(fare)** _fatto_ Lisa ai capelli?
   ○ Si è **(pettinare)** _pettinata_ in modo diverso.

10. ● A che ora si sono **(alzare)** _alzati_ Giacomo e Gianni?
    ○ Alle 10.

chiedere – wonder about
reflexise

UNITÀ 12

3

5 pach 1/28

Completa i dialoghi con la forma adatta di **essere** o **avere**.

1. ● Sai a che ora _____ arrivato Pippo stanotte?
   ○ No. A che ora?
   ● Alle quattro e mezza!

2. ● Come mi _____ annoiata a casa di Nando!
   ○ Ci credo, è insopportabile.

3. ● E' strano, anche se _____ bevuto un sacco,
   non sono ubriaco.
   ○ Beato te!

4. ● _____ visto Pamela?
   ○ Sì, _____ uscita con Luca poco fa.

5. ● Ieri sera io, Armando e Pino _____ giocato
   a carte fino a tardi.
   ○ E chi _____ vinto?

6. ● Indovina chi _____ho_____ invitato a cena?
   ○ Non lo so...

7. ● Ieri _____ho_____ avuto molto da fare, non _____sono_____ uscito di casa.
   ○ Allora non _____sono_____ andato nemmeno in palestra...

8. ● Cosa _____avete_____ fatto il giorno di Natale tu e Daniela?
   ○ _____abbiamo_____ passato la giornata dai miei, e la sera _____abbiamo_____ fatto una passeggiata
   in centro.

9. ● A tua madre _____è_____ piaciuto il regalo di Gianni?
   ○ Sì, molto.

10. ● _____Avete_____ passato delle buone vacanze?
    ○ Sì, ci _____siemo_____ riposati, _____abbiamo_____ fatto molte gite e passeggiate.

11. ● A che ora vi _____siete_____ svegliati, domenica?
    ○ Verso le undici.

SONO DIVENTATA UNA POCO DI BUONO

I PESTICIDI. TUTTA COLPA LORO.
La legge attualmente in vigore tollera nelle pere i residui di 146 pesticidi. (Ordinanza ministeriale 6/8/1985 e seguenti aggiornamenti).

WWF

4

5

Completa i dialoghi con il **participio passato** dei verbi tra parentesi.

1. ● Sai chi è (**venire**) _____ ieri qui in ufficio?
   ○ Chi?
   ● L'ex moglie del capo.
   ○ E che ha (**fare**) _____?

2. ● Dove sei (**essere**) _____ a pranzo ieri?
   ○ Da "Giggetto".

3. ● Con chi è (**uscire**) _____ Tullio?
   ○ L'ho (**vedere**) _____ uscire con Sabrina.

4. ● Avete (**avere**) _____ da fare stamattina al negozio?
   ○ No, non molto. Non è (**venire**)_____ quasi nessuno.

5. ● Non ho ancora (**fare**) _____ colazione. Ho una fame ...
   ○ Io, invece, ho (**mangiare**) _____ due cornetti.

6. ● Cosa avete (fare) _____ domenica?
   ○ Siamo (andare) _____ da Marta.

7. ● Silvia, cosa c'è? Hai una faccia...
   ○ Stanotte sono (stare) _____ malissimo, non ho (chiudere) _____ occhio.

8. ● E domenica, come hai (passare) _____ la giornata?
   ○ Mah, ho (dormire) _____ fino a mezzogiorno e poi...

9. ● Quanta gente avete (invitare) _____ alla festa?
   ○ Trentacinque persone in tutto...

10. ● Vi è (piacere) _____ lo spettacolo?
    ○ Macché! Ci siamo (annoiarsi) _____ da morire.

11. ● Avete (leggere) _____ *Lessico famigliare*?
    ○ No, chi l'ha (scrivere) _____ ?

12. ● Hai (prendere) _____ il giornale?
    ○ No, non mi avete (dire) _____ di comprarlo.

5 Completa i dialoghi con il **passato prossimo** dei verbi tra parentesi.

1. ● (vedere/tu) _____ Fabio?
   ○ No, oggi non (venire) _____ a scuola.

2. ● Che hai? Sei stanco?
   ○ Sì, oggi (lavorare) _____ tanto, (passare) _____ tutto il giorno in ufficio.

3. ● Dove (andare/voi) _____ domenica?
   ○ Da Anna, a Frascati.
   ● E cosa (fare) _____ di bello?

4. ● Perché Bruno (sentirsi) _____ male?
   ○ (mangiare) _____ troppo, come al solito...

5. ● Carla e Patrizia non si parlano...
   ○ Certo, (litigare) _____ l'anno scorso...

6. ● Come (riposarsi/noi) _____ ieri! (dormire) _____ fino alle tre!
   ○ E non (pranzare) _____ ?

7. ● Quando (arrivare/loro) _____ ?
   ○ Verso l'una.

8. ● Sai chi mi (invitare) _____ a cena stasera?
   ○ Chi?

9. ● Vi (piacere) _____ San Gimignano?
   ○ Sì, molto, è un paese stupendo.

10. ● Ieri (vedere/io) _____ tuo fratello in banca.
    ○ E gli (parlare) _____ di quel problema?

11. ● Dove (stare) _____ Renzo e Lucia in vacanza?
    ○ Prima (andare) _____ a Capri, e poi a Taormina...

UNITÀ 12

6

a. Andrea Biancato è molto ordinato: tiene il diario di tutto quello che fa.
Ecco alcune delle cose che ha fatto recentemente. Come ce le racconta? Scrivi delle frasi.

Natale	*ho fatto*	fare un viaggio in Svezia
febbraio	*sono andato*	~~andare~~ andare in montagna a sciare
12-8/19-8	*ho stato*	stare una settimana al mare
20-8/30-8	*h.*	stare in campagna da amici
venerdì scorso		andare dal dottore
ieri	*ho fatto*	fare un esame
ieri sera	*ho fatto*	uscire con Guido
stamattina		parlare con Anna

> *A Natale ho fatto un viaggio in Svezia*

b. E la sorella di Andrea, come ce le racconta? Scrivi le frasi.

> *a Natale Andrea ha fatto un viaggio in Svezia*

c. E se Andrea invece di fare tutto da solo, lo avesse fatto con Anna, come ce lo racconterebbe?

> *A Natale abbiamo fatto un viaggio in Svezia*

d. E se ce lo raccontasse sua sorella, come direbbe?

> *a Natale Andrea e Anna hanno fatto un viaggio in Svezia*

7

Ieri sono andato al cinema

8 Scrivi due cose che hai fatto in ognuno di questi momenti del passato.

Lunedì scorso	Ieri mattina	Stamattina	Ieri
Due settimane fa	L'altro ieri	Il mese scorso	Il mese scorso
L'anno scorso	Il fine settimana	Ieri pomeriggio	Un'ora fa

9 Trasforma usando **fa** come nel modello. Oggi è il 10 settembre.

 Il 10 luglio sono andato al mare.   *Due mesi fa sono andato al mare.*

1. Il 10 giugno ho finito l'università.
2. A maggio sono andato a Venezia.
3. A giugno ho fatto un esame d'italiano.
4. A gennaio sono andato a sciare.
5. Il 25 agosto sono tornato dalle vacanze.
6. Il 7 settembre ho ricominciato a lavorare.

10 Trasforma usando **scorso** come nel modello. Oggi è mercoledì 30 ottobre 1992.

Mercoledì 23 sono andato a teatro.   *Mercoledì scorso sono andato a teatro.*

1. Venerdì 25 sono andato al cinema.
2. A settembre ho lavorato molto.
3. A gennaio e febbraio sono andato spesso a sciare.
4. Nel 1991 sono andato tre volte a Firenze.
5. A settembre ho cominciato a studiare italiano.
6. Tra il 21 e il 27 ottobre sono uscito tutte le sere.

11 Completa i dialoghi con le domande.

● **(Arrivare/voi)** *A che ora siete arrivati?*   ○ **Due ore fa.**

1. ● **(Partire/loro)** _____ ?
   ○ Due settimane fa.

2. ● **(Fare l'esercizio/tu)** _____ ?
   ○ Domenica mattina.

3. ● **(Mangiare/lui)** _____ ?
   ○ Un'ora fa.

4. ● **(Nascere/lei)** _____ ?
   ○ Nel 1988.

5. ● **(Essere a Parigi/noi)** _____ ?
   ○ L'anno scorso.

6. ● **(Cominciare a studiare l'italiano/voi)** _____ ?
   ○ Due mesi fa.

7. ● **(Sposarsi/tu)** _____ ?
   ○ L'anno scorso.

UNITÀ 12

12 Inventa i dialoghi seguendo il modello.

   ☞ **(L'estate scorsa/voi) (Andare in Sardegna)**   ● *Cosa avete fatto l'estate scorsa?*
                                                  ○ *Siamo andati in Sardegna.*

1. (Ieri sera/lei) (Lavorare).
2. (Domenica/tu) (Dormire).
3. (A Natale/Paolo e Anna) (Andare a sciare).
4. (A Pasqua/tu) (Andare in campagna).
5. (Ieri sera/voi) (Guardare la televisione).
6. (Domenica mattina/tu) (Andare a fare una passeggiata).
7. (Questo pomeriggio/tu) (Leggere).
8. (Questa mattina appena alzato/tu) (Farsi la barba, fare la doccia, vestirsi e fare colazione).
9. (A Capodanno/voi) (Andare a una festa con degli amici).

13 Sei un investigatore privato. La signora Bossi ti ha chiesto di seguire suo marito. Scrivi una relazione per la signora, dicendo cosa ha fatto ieri il signor Bossi. Usa **prima**, **poi**, **e poi**.

ore 8.00	uscire di casa
ore 9.00	entrare in ufficio
ore 12.00	uscire dall'ufficio
ore 12.10	comprare dei fiori
ore 12.20	fare una telefonata
ore 13.00	prendere un taxi
ore 13.15	entrare in un ristorante e pranzare con una ragazza
ore 14.30	accompagnare la ragazza a casa
ore 15.00	tornare in ufficio
ore 17.00	andare a casa

Il signor Bossi alle otto è uscito di casa, poi alle nove è entrato in ufficio...

14 Leggi questo brano tratto dal racconto **Gioco di società** di Leonardo Sciascia.

Guardò l'orologio. Andò al telefono, fece il numero, con voce agitata disse: "Mio marito è ancora in ufficio?... E' già andato via?... Sono preoccupata, molto preoccupata... Sì, lo so che non è la prima volta che fa tardi; ma stasera è accaduto un fatto che mi inquieta... E' venuto a cercarlo un giovane, aveva un'aria sconvolta, minacciosa; si è messo qui ad aspettarlo; se ne è andato proprio ora. Mi ha fatto paura... No, non è soltanto un'impressione; è che so per quale ragione il giovane poteva essere così sconvolto, così minaccioso... Ma mio marito è andato via da quanto tempo?... Sì, grazie. Buonasera... Sì, buonanotte." Riattaccò, fece un'altro numero, parlò con voce più agitata e accorata. "Commissariato? C'è il commissario Scoto?... Me lo passi; subito, per favore... Oh commissario, sono fortunata a trovarla in ufficio a quest'ora... Sono la signora Arduini... Senta, sono preoccupata, molto preoccupata... Mio marito... E' imbarazzante per me, umiliante: ma non posso fare a meno di dirglielo... Mio marito ha una relazione con una donna sposata, una donna molto giovane, molto bella... Lo so perché l'ho fatto sorvegliare da un'agenzia di investigazioni, non ho vergogna a confessarlo... No, non voglio accusarlo di adulterio; al contrario, sono preoccupata che gli succeda qualcosa... Perché, vede, stasera è venuto qui il marito di lei, un giovane professore: era molto agitato, stravolto. L'ho fatto entrare, incautamente; e si è messo qui, con atteggiamento minaccioso, ad aspettare mio marito. Per un paio d'ore. Ho tentato di farlo parlare, ma non rispondeva che evasivamente, con poche parole. Ora se ne è andato... Sì, da qualche minuto... Ho telefonato a mio marito per avvertirlo, ma aveva già lasciato l'ufficio. Dovrebbe essere già qui, lei non potrebbe fare qualcosa?... Sì, va bene" quasi piangendo "aspetterò ancora mezz'ora e la richiamerò... Grazie."

Leonardo Sciascia, *Gioco di società*

Rileggilo, e sottolinea tutte le forme verbali al **passato prossimo** che trovi.
A che verbi corrispondono?

Ora rispondi.

1. ● Quante telefonate ha fatto la signora Arduini?

2. ● Chi ha chiamato? Perché?

3. ● Che cosa ha fatto il giovane uomo? Perché?

4. ● Secondo te, come continua la storia?

15 Scrivi una cartolina a un amico o a un'amica. Ecco alcuni elementi che puoi usare.

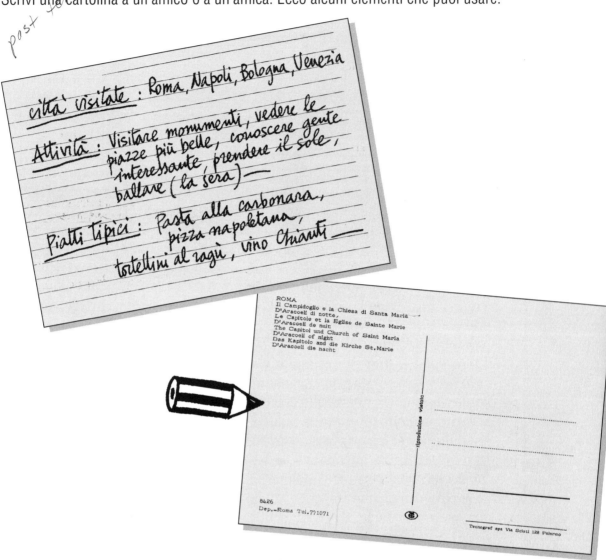

città visitate : Roma, Napoli, Bologna, Venezia

Attività : Visitare monumenti, vedere le piazze più belle, conoscere gente interessante, prendere il sole, ballare (la sera)—

Piatti tipici : Pasta alla carbonara, pizza napoletana, tortellini al ragù, vino Chianti___

ROMA.
Il Campidoglio e la Chiesa di Santa Maria
D'Aracoeli di notte,
Le Capitole et la Eglise de Sainte Marie
D'Aracoeli de nuit
The Capitol und Church of Saint Maria
D'Aracoeli of night
Das Kapitolo and die Kirche St.Marie
D'Aracoeli die nacht

riproduzione vietata

8426
Dep.–Roma Tel.771071

Tecnograf spa Via Schuti 128 Palermo

16 Scrivi una lettera a un amico/a che non vedi da un po' di tempo, nella quale gli racconti tutto quello che hai fatto ultimamente.

17 Ascolta le parole e scrivile. Attenzione alle doppie!

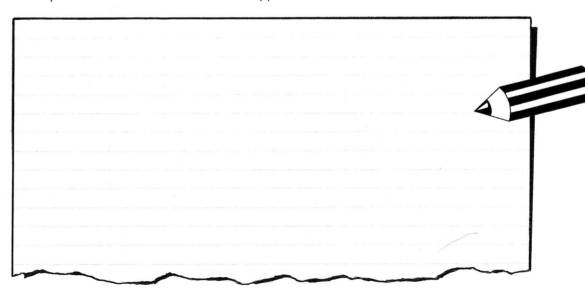

Come mai = perché

Un po' d'esercizio

1 Completa.

1. ● Come si dice "overtake" in italiano?
   ○ "Sorpassare".
   ● _____?
   ○ S-O-R-P-A-S-S-A-R-E.

2. ● _Perché_ sei in Italia?
   ○ Per studiare.

3. ● _Come ti chiami_?
   ○ Carolina _e tu_?
   ● Dario.

4. ● _E' lei_ la signora Tempella?
   ○ Sì, sono io.

5. ● _Che lavoro fa_?
   ○ Sono ingegnere.
   ● E _dove lavori_?
   ○ A piazzale Flaminio.

6. ● E questo _Signore chi è_
   ○ Mio fratello.

7.

Nome	Deborah
cognome	Ragione
età	43
professione	ragioniera
stato civile	coniugata
Luogo di nascita	Miami

2 Leggi questo testo di Natalia Ginzburg, e completa la scheda quando è possibile.

Ferruccio a Giuseppe

Princeton, 12 novembre

Mio caro Giuseppe,

[...] ho deciso di sposarmi. Sposo una persona che conosco da alcuni anni. Si chiama Anne Marie Rosenthal. Lavora con me. Pensavo che non mi sarei mai sposato, invece a un tratto ho preso questa decisione. Anne Marie ha quarantotto anni, sei anni meno di me. E' venuta in America durante la guerra. E' di padre tedesco e di madre francese. I suoi genitori erano ebrei e il padre è morto in un campo di concentramento in Germania. E' venuta in America bambina, con la nonna e la madre. E' vedova e ha una figlia, sposata a Filadelfia. La decisione di sposarci l'abbiamo presa un mese fa, a Filadelfia, durante un congresso. Io non te l'ho scritto subito, perché conosco il tuo carattere indeciso e temevo che il mio prossimo matrimonio potesse crearti un ostacolo nel progetto di venire a stare con me.

Natalia Ginzburg, *La città e la casa*

---

a.

nome	cognome	età	carattere
Anne Marie	Rosenthal	48	
Giuseppe			indeciso
Ferruccio	no lo so	54	

b. Di che nazionalità è Anne Marie? _Tedesca e Francese_
   Qual è il suo stato civile? _vedova_

UNITÀ 13

3 Completa i dialoghi.

1. ● In quale stagione vai in vacanza?
   ○ _In primavera_.

2. ● _Il Sabato_ mi piace uscire, andare al cinema o in discoteca...
   ○ Io invece vado a dormire presto.

3. ● _Alla domenica_ tutti i negozi sono chiusi.

4. ● Vai _spesso_ a teatro?
   ○ Sì, spesso.

5. ● _Che ore sono, Che ora è_?
   ○ Mezzanotte.

6. ● Che tempo fa?
   ○ _Fa bel tempo_.

7. ● A _che ora_ ti alzi?
   ○ Verso le otto.

8. ● _Che cosa fate_ la mattina?
   ○ Lavoriamo.
   ● E il pomeriggio?
   ○ Studiamo.

9. ● _Mi piace_ molto giocare a tennis.
   ○ A me no.

10. ● Non mi piace per niente ballare.
    ○ _A me piace molto ballare_

11. ● A che ora vai a lezione di musica?
    ○ _dalle_ tre _alle_ quattro e mezza.

4 Completa i dialoghi.

1. ● Senti, scusa, è lontana la Banca d'Italia?
   ○ Eh sì. _Hai bisogno di prendere_ l'autobus.

2. ● Senta, scusi, _per andare_ al Colosseo?
   ○ La prima a destra.

3. ● _E il Colosseo_ da queste parti?
   ○ Sì è proprio qui.

4. ● Ho bisogno di _un po'_ di zucchero.
   ○ Quanto?
   ● Due chili.

5. ● Quanti abitanti ha l'Italia?
   ○ _Ci sono_ cinquantotto milioni _di abitanti_

6. ● _Quale_ borsa preferisci?
   ○ _Questa_ nera al centro.
   ● Io _la preferisco_ gialla.

7. ● Cosa è questo?
   ○ E' _lo straccio_ per lavare per terra.

8. ● Scusi, _quanto fa_?
   ○ Un cappuccino e un cornetto sono 1.800 lire.

9. ● _Avete_ francobolli?
   ○ Mi dispiace, sono terminati.

10. ● _Posso_ vedere la gonna che è in vetrina.

11. ● _Quanto costa_ questa camicia?
    ○ Quella viene 35.000.

12. ● Di che colore è la bandiera italiana?
    ○ E' _verde_, _bianca_ e _rossa_.

13. ● _Vuoi venire_ al cinema?
    ○ No, mi dispiace, non posso, devo lavorare.

14. ● _Vuoi venire_ al mare.
    ○ Sì. Come rimaniamo?

5 Completa con la forma adeguata del **presente** del verbo tra parentesi.

1. ● Lucia e Rolando (**alzarsi**) _____ sempre tardi.

2. ● (**uscire/voi**) _____ mai la sera?
   ○ Non molto. (**andare**) _____ spesso a dormire presto.

3. ● Vi va di andare a prendere un gelato domani sera?
   ○ Sì. Come (**rimanere**) _____ ?

4. ● (**lavorare/tu**) _____ anche il sabato?
   ○ Sì. Non (**avere**) _ho_ mai un giorno di vacanza.

5. ● Come (**chiamarsi**) _si chiama_ tua madre?
   ○ Olga.

6. ● I miei fratelli stanno dormendo.
   ○ Ma (**dormire**) _dormono_ sempre!

7. ● Cosa (**fare**) _Cosa fate_ ?
   ○ Stiamo guardando la TV.

8. ● Maria Luisa non (**andare**) _____ mai a teatro.
   ○ Perché?
   ● Non lo so, ma non (**uscire**) _esce_ mai.

9. ● Cosa (**fare/tu**) _Cosa fai_?
   ○ (**uscire**) _esco_ _____.

10. ● (**lavarsi/tu**) _ti lavi_ mai con l'acqua fredda?
    ○ Mai!

l' uovo — le uova
_M   F_

faccio
fai
_fa_
facciamo
fate
fanno

---

6 Completa le frasi con **un**, **uno**, **una**, **un'**.

1. Monica è _un'_ alunna molto brava.
2. Non c'è _un_ autobus che va alla stazione?
3. E' _un'_ ora che ti aspetto.
4. Piera ha bisogno di _uno_ psicologo.
5. E' il rumore di _un_ elicottero.
6. Sono stata a Londra solo _una_ volta.
7. E' _uno_ spettacolo interessante.
8. E' proprio _un_ bello spettacolo!
9. Genova è _una_ città interessante.
10. La dottoressa Primi è _un_ assistente del professor Forleo.

---

7 Completa con **il**, **lo**, **la**, **l'**.

1. Sandro fa _lo_ psicologo.
2. Ruggeri è _l'_ avvocato di Silvana.
3. Pietro è _lo_ zio di Nicoletta.
4. Quella è _la_ statua di Cavour.
5. Si è fermato _l'_ orologio.
6. _il_ computer si è bloccato.
7. Dov'è _la_ mia Coca-Cola?
8. _il_ treno sta partendo.
9. _l'_ aranciata è sul tavolo.
10. _l'_ aereo arriva alle quattro.

---

8 Completa con **i**, **gli**, **le**.

1. Tutte ____ opere di Natalia Ginzburg sono interessanti.
2. ____ ristoranti romani sono sempre pieni il sabato sera.
3. Dove sono ____ miei libri?
4. Posso spostare ____ sedie?
5. ____ zii di Franco sono insopportabili!
6. Secondo me ____ macchine sportive sono scomode.
7. Non mi piacciono ____ yogurt di frutta.
8. Sono arrivati ____ signori Valentini.
9. E' arrivato ____ signor Valentini?
10. ____ giornate in estate sono più lunghe.

sem. pl

di + il = del
_di + le_

---

9 Completa con **del**, **dello**, **della**, **dell'**, **dei**, **degli**, **delle**, **degli**.

1. Per fare la crema servono _delle_ uova e _del_ succo di limone.
2. Perché non ci sediamo? Ci sono _delle_ sedie?
3. Mi puoi comprare _del_ vino?
4. Al congresso c'erano _dei_ medici, _degli_ psichiatri e _dei_ neurologi.
5. Vorrei _dello_ spumante.
6. Ci sono _delle_ formiche nel letto!
7. Ci sono _dei_ cioccolatini sul tavolo.
8. Sai se c'è _del_ latte in casa?
9. In camera di Fulvio ci sono _dei_ ragazzi che non conosco.
10. Oggi esco con _delle_ ragazze della mia scuola.

UNITÀ 13

10 Rimetti in ordine questo testo.

1. Sono corso al negozio...alle nove hanno aperto:
- Sara? - mi ha detto il proprietario - Sara ieri ha finito il suo periodo di lavoro, ci ha dato le dimissioni. Da oggi con noi lavora Lidia...
Non l'ho lasciato finire...sono corso fuori...mi sono sentito male. Da quel giorno, ogni giorno vado in centro e guardo attraverso tutte le vetrine... sono sempre più innamorato e ancora non ho comprato i pantaloni neri.

2. E' successo tutto all'improvviso: mercoledì scorso sono andato in un negozio in centro, quello vicino a Largo Goldoni, dove siamo stati insieme quella volta che è venuta a trovarci Giovanna. Sono entrato e ho chiesto un paio di pantaloni neri. Nessuno mi ha risposto, così io mi sono arrabbiato e sono uscito. Lì fuori ho guardato nella vetrina e per la prima volta ho visto Sara...Non ho mai provato una sensazione così forte...è molto difficile spiegarlo a qualcun'altro...so solamente che dopo un'ora sono tornato lì ad aspettarla. E poi sono tornato il giorno dopo, e il giorno dopo ancora...e così per una settimana...poi finalmente l'ho convinta.

3. Cara Costanza,
finalmente trovo un po' di tempo per rispondere alla tua lettera. Scusami se non ti ho scritto prima, ma ho avuto molto lavoro e poi... e poi è successa una cosa meravigliosa...mi sono innamorato!... scommetto che non ci credi e ti capisco, dopo quello che hai sofferto per colpa mia. Ma ormai per fortuna è tutto finito e ora che sei sposata e hai dei figli forse puoi capirmi più serenamente.

4. La prima volta che siamo usciti insieme siamo andati a una festa di una sua amica. Abbiamo bevuto e ballato fino alle tre del mattino. Forse non gliel'ho chiesto, forse lei non ha voluto, il fatto è che il giorno dopo io non avevo ancora il suo indirizzo, né il suo telefono.

11 Ascolta le parole e scrivile.

Vi posso offrire qualcosa da bere?

1 Ripeti.

1. Un caffè?	4. Le posso offrire un aperitivo?
2. Vuoi qualcosa da mangiare?	5. Sì, grazie.
3. Ti va una birra?	6. No, grazie, non ho fame.

2 Scrivi le frasi seguendo il modello.

a. caffè/tu   *Vuoi un caffè?*

1. aranciata/tu   4. fetta di torta/tu
2. panino/voi   5. birra/tu
3. qualcosa da bere/voi   6. gelato/voi

b. Coca-cola/voi   *Vi va una Coca-cola?*

1. un po' di patatine/tu   4. un piatto di pasta/tu
2. un cappuccino/tu   5. un amaro/tu
3. una tazza di the/voi   6. un po' di gelato/voi

c. bicchiere di vino/lei   *Le posso offrire un bicchiere di vino?*

1. un whisky/voi   4. un gelato/tu
2. una limonata/tu   5. qualcosa da bere/lei
3. un po' di spumante/lei   6. una grappa/lei

3 Rifiuta le cose che vengono offerte nelle frasi che hai scritto.
Ricordati che devi dare una giustificazione!

    ● **Vuoi un caffè?**   ○ *No, grazie, l'ho già preso.*

4 Completa con la **forma impersonale** del **presente** dei verbi tra parentesi.

1. Non **(parlare)** _____ con la bocca piena.
2. Su alcune cose non **(scherzare)** _____ .
3. Non **(arrivare)** _____ mai a casa di qualcuno all'ora di pranzo o di cena.
4. **(fare)** _____ presto a dire...
5. **(dovere)** _____ sempre chiedere "per favore".

5 Ripeti.

1. Hai 200 lire?	8. Mi presta il motorino?
2. Ha un fazzoletto di carta?	9. Mi prestate la casa?
3. Avete un gettone?	10. Sì, certo. Tieni.
4. Mi dai la tua giacca?	11. Ecco, tenga.
5. Mi dà una penna?	12. No, mi dispiace.
6. Ci date 10.000 lire?	13. Mi dispiace, ma mi serve.
7. Ci presti la macchina?	

6 Scrivi le frasi seguendo il modello.

  a. 500 lire/tu   *Scusa, hai 500 lire?*

1. una penna/tu   4. un gettone/lei
2. un'aspirina/lei   5. mille lire/tu
3. un po' di tempo/tu   6. due monete da 100

  b. un bicchier d'acqua/lei   *Mi può dare un bicchier d'acqua?*

1. una penna/tu   4. un gettone/lei
2. un'aspirina/lei   5. mille lire/tu
3. un po' di tempo/tu   6. due monete da 100

  c. questo libro/tu   *Mi presti questo libro?*

1. la bicicletta/lei   4. gli sci/tu
2. 100.000 lire/tu   5. la penna/lei
3. il vocabolario/tu   6. l'accendino/lei

  d. un bicchier d'acqua/tu   *Ti posso chiedere un bicchier d'acqua?*

1. un'aspirina/lei   4. un bicchier d'acqua/lei
2. una sigaretta/tu   5. un foglio di carta/lei
3. un gettone/tu   6. una busta/tu

7 Rispondi affermativamente e negativamente alle richieste dell'esercizio precedente.

● **Scusa, hai 500 lire?**   ● **Mi presti questo libro?**
○ *No, mi dispiace ma non ce l'ho.*   ○ *Sì, certo, tieni.*

prestare

8 Come chiedi queste cose a un tuo amico? Scrivi delle frasi.

9 Ascolta le parole e scrivile.

Le dispiace se chiudo la porta?

1 Ripeti.

> 1. Posso chiudere la finestra?
> 2. Sì, certo.
> 3. Ti dispiace se apro la porta?
>
> 4. Apri, apri pure.
> 5. Le dispiace se mi siedo?
> 6. No, no, prego, si accomodi.

2 Segui il modello.

 **(entrare)**   ● *Posso entrare?*

1. (uscire) *esche*
2. (accendere la radio) *accendete*
3. (fumare) *fumate*

4. (fare una telefonata) *fate*
5. (aprire la finestra) *aprite*
6. (chiudere la porta) *chivdete*

3 Scrivi le frasi seguendo il modello.

  (guardare la televisione/tu)   *Ti dispiace se guardo la televisione?*

1. (fare una telefonata/lei)
2. (sedermi/tu)
3. (spegnere la radio/voi)

4. (uscire un po'/lei)
5. (invitare mio fratello/tu)
6. (chiudere la finestra/voi)

4 Ora siete in due a chiedere le stesse cose. Riscrivi le frasi dei punti 2 e 3.

 Possiamo entrare?

 Ti dispiace se guardiamo la televisione?

5 Rispondi alle richieste degli esercizi precedenti, concedendo il permesso e negandolo.

● **Posso entrare?**
○ *Certo, entra pure.*

● **Ti dispiace se apro la finestra?**
○ *Scusa, ma ho freddo.*

UNITÀ 15

6 Rispondi usando l'**imperativo affermativo**.

☞ • **Posso prendere un cioccolatino?** ○ (tu) *Sì, certo, prendi pure.*

1. • Posso entrare?
   ○ (lei) _entri_ .

2. • Posso prendere una penna?
   ○ (lei) _prenda pure la penna_ .

3. • Posso aprire la porta?
   ○ (tu) _Sì certo apri la porta_

4. • Mi posso sedere?
   ○ (tu) _Sì certo siedeti_

non ti sedere
non sederti

Io mi siedo
tu ti siedi
lui si siede
noi ci sediamo
voi vi sedete

5. • Posso fumare?
   ○ (lei) _Sì fumi signora_

6. • Posso chiudere la finestra?
   ○ (tu) _si chiudi_

7. • Ti dispiace se spengo la radio?
   ○ _____ .

8. • Ti dispiace se invito anche mio fratello?
   Sì certo invita sua fratello .

loro si sedono Io

7 Copri il testo e ascolta i dialoghi. Queste persone si danno del **tu** o del **lei**?

	TU	LEI
1. • Posso fumare? ○ Sì, certo, fumi pure.	☐	☐
2. • Posso sedermi qui? ○ Sì, sì, siediti, siediti.	☐	☐
5. • Posso prendere una caramella? ○ Ma certo, prenda pure.	☐	☐
6. • Ecco, siediti pure. ○ Grazie.	☐	☐

8 Ripeti.

1. Puoi passarmi la penna, per favore?	5. Senz'altro.
2. Ti dispiace aprire la finestra?	6. Sì, certo, volentieri.
3. Può richiamare più tardi?	7. Scusa, ma non posso.
4. Le dispiace abbassare il volume, per favore?	

9 Scrivi le frasi seguendo il modello.

☞ **(chiudere la porta/tu)**

a. Puoi chiudere la porta?
b. Ti dispiace chiudere la porta?

1. (alzare il volume/lei)
2. (passare più tardi/voi)
3. (telefonare a Claudio/tu)

4. (comprarmi il latte/tu)
5. (passarmi l'acqua/lei)
6. (andare a prenderla/voi)

10 Rispondi affermativamente e negativamente alle richieste dell'attività precedente.

- **Puoi chiudere la porta?**
  - *Sì, certo.*

- **Ti dispiace aprire la finestra?**
  - *Scusa, ma ho freddo.*

11 Offri il tuo aiuto a queste persone.

1. ● Uff... come pesano!
   ○ _____

2. ● Che caldo fa qui!
   ○ _____

3. ● Ho una sete...
   ○ _____

4. ● Non sento niente, la musica è troppo alta.
   ○ _____

12 Ripeti.

1. Ti posso aiutare?
2. Possiamo darle una mano?
3. Chiudo la porta?
4. Se vuoi lo faccio io.

5. Sì, grazie.
6. No, grazie, non ti preoccupare.
7. No, grazie, non si preoccupi.

13 Ascolta e scrivi le parole.

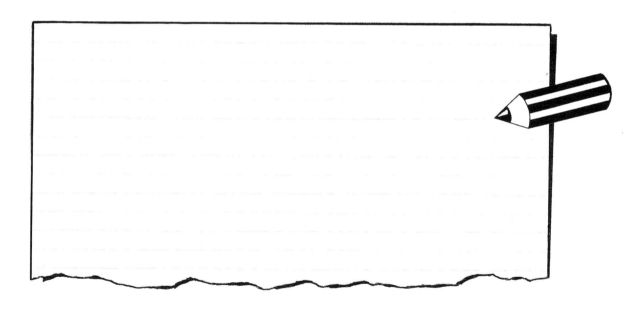

Pranzo Especialate
Cena

Ti piace la pizza?

1

Come ti piacciono queste cose?
Scrivi delle frasi basandoti sui tuoi gusti personali e usando **con** e **senza**. Guarda il modello.

 caffè - zucchero
A me piace il caffè con lo zucchero.

the - limone
A me piace il the senza limone.

1. Coca-cola - ghiaccio
2. Coca-cola - limone

3. caffè - zucchero
4. cioccolato - panna

5. insalata - aceto
6. caffè - latte

2

Scrivi gli aggettivi che ti sembrano adatti per questi cibi e bevande.

3

Segui il modello.

 a. (la bruschetta)

1. (il tiramisù)
2. (la granita)

● *Cos'è la bruschetta?*

3. (la pastiera)
4. (lo sformato)

b. (i tortellini)

1. (le fettuccine)
2. (i cannelloni)

● *Cosa sono i tortellini?*

3. (i bignè)
4. (i rigatoni)

4

Scrivi le frasi seguendo il modello.

(la caprese)

1. (il pecorino)
2. (i carciofi)
3. (la macedonia)

Cos'è la caprese?

4. (il cocomero)
5. (i funghi)
6. (lo spezzatino)

5 Segui il modello.

a. (la mozzarella) ● *Ti piace la mozzarella?*

1. (il brodo) 3. (l'insalata)
2. (la cioccolata) 4. (l'aglio)

b. (i rigatoni) ● *Ti piacciono i rigatoni?*

1. (i supplì) 3. (i pomodori)
2. (i dolci) 4. (le salsicce)

6 Scrivi le frasi seguendo il modello.

(le patate fritte) *Ti piacciono le patate fritte?*

1. (lo spezzatino) 4. (la torta di mele)
2. (le melanzane alla parmigiana) 5. (il cioccolato bianco)
3. (le lasagne) 6. (i pomodori sott'olio)

7 Rispondi seguendo il modello.

a. ● Ti piace il pesce? ○ *Sì, molto.*

1. ● Ti piace la birra? 3. ● Ti piace fumare?
2. ● Ti piace il vino? 4. ● Ti piace ballare?

b. ● Ti piace ballare? ○ *No, non molto.*

1. ● Ti piace l'insalata? 3. ● Ti piace il cinema?
2. ● Ti piace la pasta? 4. ● Ti piace leggere?

c. ● Ti piace il vino? ○ *No, per niente.*

1. ● Ti piace la pizza? 3. ● Ti piacciono le verdure?
2. ● Ti piace la frutta? 4. ● Ti piace lo zucchero?

8 Ora scrivi le domande seguendo il modello, e rispondi secondo i tuoi gusti.

(il pesce/tu) ● *Ti piace il pesce?*
○ _____

1. (la carne/lei) 3. (i ravioli/tu) 5. (i dolci di frutta/lei)
2. (la pizza/lei) 4. (il caffè/tu) 6. (il peperoncino/tu)

9 Scrivi le frasi seguendo il modello.

caldo *E' un po' troppo caldo*

1. saporiti 3. cruda 5. salato
2. fresche 4. cotti 6. dolce

10 Scrivi le frasi seguendo il modello.

(fredda) *E' molto fredda*

1. (piccante) 3. (saporito) 5. (calda)
2. (freddo) 4. (salate) 6. (tenera)

UNITÀ 16

11   Scrivi le frasi seguendo il modello.

    (dolci)   *Sono abbastanza dolci*

     1. (saporite)   3. (freschi)   5. (insipido)

     2. (morbida)   4. (calde)   6. (tenera)

12   Scrivi le frasi seguendo il modello.

     (salato)   *E' salatissimo*

     1. (buono)   3. (salata)   5. (caldo)

     2. (fredde)   4. (dolci)   6. (duri)

13   Completa i dialoghi.

     1. ● _____ i ravioli?

         ○ _____ un primo piatto, somigliano ai tortellini, sono ripieni di carne o di ricotta e....

     2. ● _____ le frappe?

         ○ _____ dei dolci fritti che si _____ a Carnevale...

     3. ● _____ il timballo?

         ○ Una pasta al forno con mozzarella, formaggio...

     4. ● _____ le scaloppine?

         ○ _____ fettine di carne al limone oppure al marsala.

14   Ascolta le parole e scrivile.

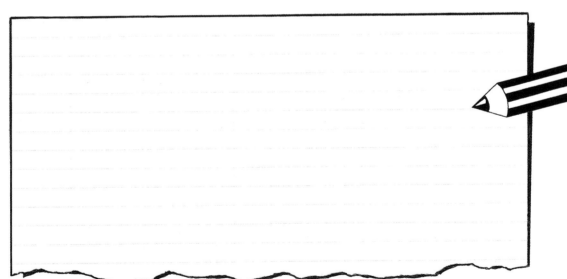

Per me un'insalata mista

1 Segui il modello.

    ☞   **minestrone**   ○ *Per me minestrone*

        1. gnocchi   4. vino rosso
        2. pasta e fagioli   5. risotto
        3. pollo arrosto   6. spezzatino

2 Completa con **lo/la/li/le**.

1. ● Cosa sono le fettuccine?
   ○ Non ____ so. Non ____ conosco.

2. ● Cos'è lo spezzatino?
   ○ Non ____ so. Non ____ conosco.

3. ● Cos'è la pasta e fagioli?
   ○ Non ____ so. Non ____ conosco.

4. ● Cosa sono gli gnocchi?
   ○ Non ____ so. Non ____ conosco.

5. ● Cos'è il bollito?
   ○ Non ____ so. Non ____ conosco.

6. ● Cosa sono le melanzane?
   ○ Non ____ so. Non ____ conosco.

7. ● Cosa sono gli involtini?
   ○ Non ____ so. Non ____ conosco.

8. ● Cos'è la bruschetta?
   ○ Non ____ so. Non ____ conosco.

3 Segui il modello.

    ☞   **una forchetta**   ● *Mi porta una forchetta?*

        1. una birra   4. un bicchiere
        2. un tovagliolo   5. il conto
        3. il pane   6. il sale

4 Segui il modello.

    ☞   **un cucchiaio**   ● *Ci porta un cucchiaio?*

        1. l'olio   4. due caffè
        2. la lista   5. del vino
        3. un po' d'acqua   6. un coltello

5 Completa usando **un altro/un'altra, altri/e, un altro po' di, altro/a**.

    1. Scusi, _____ due bottiglie di vino, per favore.
    2. Scusi, _____ pane, per favore.
    3. Scusi, _____ tovagliolo, per favore.
    4. Scusi, _____ fetta di torta, per favore.
    5. Scusi, _____ tre caffè, per favore.
    6. Scusi, _____ acqua, per favore.
    7. Scusi, _____ pizza, per favore.
    8. Scusi, _____ due insalate, per favore.

6 Leggi cosa dice la "Guida d'Italia" dell'Espresso di questi tre ristoranti.

INVARIATO

18/20
(18/20)
**ALBERTO CIARLA
ROMA** - piazza San Cosimato, 40 - tel. 06/58.18.668.
Chiuso domenica

■ Talvolta ci prende un dubbio: quando mai Alberto Ciarla trova il tempo per farsi un sonnellino? Presidente dell'Associazione italiana sommelier a correre fra Roma e Milano, sommozzatore a catturar pesci, rugbysta a giocare (magari tra i "seniores"), pilota a far le ore di volo per mantenere il brevetto, e alla fine, ristoratore nel suo locale bello ed elegante in Trastevere. Nel quale è sempre presente, sino a tarda sera.

Sospetto che si dissipa appena comincia a parlare con il suo accento romanesco impreziosito da qualche francesismo che a Trastevere fa fino. Già, perché Alberto la moglie se l'è trovata in Francia, così come Parigi è stata la sua via di Damasco che lo ha folgorato trasformandolo da gestore di anonima, anche se buona, osteria di pesce, in creatore di questo ristorante tanto attraente. E nelle sue sale ci rifugiamo anche le sere estive (quando lì fuori è pur disponibile uno di quegli abominevoli spazi all'aperto di cui sembra non si possa fare a meno tra mosche, gatti, afa e scarichi d'auto).

Alberto manipola amorevolmente il pesce crudo come ha appreso da cileni, giapponesi, francesi (ma anche dai pescatori napoletani e siciliani) e il pesce cotto. E in cotture misurate e appropriate a seconda dei gusti, sofisticate ed elaborate o quanto mai semplici, anche da esaltare freschezza e qualità del prodotto. Deliziose anche paste e minestre. Dessert semplici e freschi, e ovviamente, splendida carta dei vini. Il conto, sulle 90-100 mila lire, è onesto rispetto all'offerta. Menù speciali a prezzo più ridotto, per i tiratardi.

INVARIATO

17/20
(17/20)
**FLORA
MERANO (BZ)** - via Portici, 75 - tel. 0473/31.484.
Aperto solo di sera. Chiuso domenica

■ Di Louis Oberstolz si potrebbe dire, prima di tutto "nonostante il nome". Già, perché, a dispetto del nome (che all'incirca significa "supersuperbo"), è persona autentica. D'altronde, l'ambiente e la cucina che si assapora qui stanno a dimostrarlo: tutto è armonico.

Louis si anima soltanto quando parla di cucina, quando racconta un suo piatto quasi

come una favola. Ecco alcune delle sue interpretazioni più riuscite in questi ultimi tempi: tartare di salmone selvaggio su cuori d'insalata al balsamico, rosa di storione leggermente affumicato, linguina di vitello in vinaigrette al pomodoro, pasta nera con seppioline, zuppina di patate e ostriche con caviale, combinazione di gamberi di fiume e sogliola, grigliata di pesce e crostacei con spinaci e riso alle erbe, filetto di vitello con foie gras e crêpe di patate e baccelli di piselli, punta di filetto di vitello con finferli e knödel. Di alto lignaggio anche i dessert: in primis la mousse d'uva meranese e il ragout di ciliegie al vino rosso. Carta dei vini non vastissima ma di alto profilo. Sulle 80-90 mila lire.

IN MEGLIO

14/20
(13/20)
**PORT'ALBA
NAPOLI** - via Port'Alba, 18 - tel. 081/45.97.13.
Chiuso mercoledì

■ Un giorno tenteremo di scrivere una guida della pizza in Italia e nel mondo. Sperando di terminare la vita in bellezza, reclinato il capo su una grande pizza e le guance appoggiate sulla sua morbida pasta, come ci accadeva nell'infanzia, al momento del colpo di sonno a fine pranzo.

Quella della pizza è una delle più sorprendenti avventure nella storia del mangiare umano. Sta di fatto che la più buona la mangiammo in un Banjo di Washington, ove si esibivano vecchi e patetici cantanti negri. E poi sapemmo che il pizzaiolo veniva da questa Port'Alba spagnolesco-napoletana. Ove tuttora la ritrovate; pizza alta e soffice e non secca, croccante e segaligna, com'è di moda talvolta fuori Napoli. E senza indulgere a cambiamenti stravolgenti e mistificanti come nelle pizzerie ai "millegusti".

Il resto qui è onesta cucina napoletana di maccheroni, pesce, carni e verdure, latticini. Per un buon pranzo che, però, non sarebbe completo senza uno spicchio dorato di pizza, spenderete sulle 40 mila lire, di meno con la sola pizza e birra o vinello compagno.

Ora segna con una X le informazioni esatte.

Alberto Ciarla è a Trastevere. ☐
Alberto Ciarla parla con accento romanesco. ☐
Alberto Ciarla ha una moglie di Damasco. ☐
La specialità di Alberto Ciarla è il pesce. ☐
Flora è aperto solo la sera. ☐
Flora è a Napoli. ☐
Flora è un tipico ristorante italiano. ☐
Da Port'Alba la pizza è secca e croccante. ☐
Port'Alba è un tipico ristorante napoletano. ☐
Da Port'Alba non si spende meno di 40 mila lire. ☐

7 Completa i dialoghi.

1. ● _____ possiamo ordinare?
   ○ Sì, dica pure.

2. ● Cosa avete _____?
   ○ Ci sono tortellini con la panna, spaghetti con le vongole, ravioli ricotta e spinaci...
   ● _____ la ricotta?
   ○ E' un formaggio di pecora...
   ● Va bene, _____ ravioli.
   ■ _____ invece spaghetti alle vongole.
   ○ _____?
   ● _____ un'insalata.
   ■ Anch'io.

3. ● Senta, scusi, mi porta _____ forchetta?
   ○ Subito.

4. ● Per me una pizza ai funghi.
   ○ E lei?
   ■ Io _____ niente, grazie.
   ○ _____?
   ● Una birra grande.

8 Scrivi le frasi seguendo il modello.

Lunedì/cena/Marco   *Lunedì sono andato a cena da Marco.*

1. Domenica/cena/Baffetto
2. Un mese fa/pranzo/Angelica
3. L'altro ieri/cena/Walter e Costanza
4. Lunedì/dentista
5. La settimana scorsa/pranzo/Gabriele e Lucia
   Lunedì/dentista

9 Scrivi un testo su cosa si mangia nei diversi pasti nel tuo paese, gli orari dei pasti, ecc.
Si va spesso a cena fuori? Dove?

10 Ascolta le parole e scrivile.

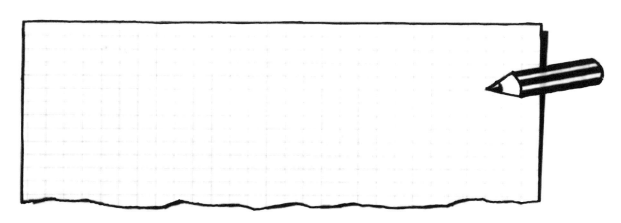

Sai dov'è il telefono?

1 Guarda il disegno e rispondi alle domande dando tutte le informazioni che puoi.

1. ● Dov'è il tabaccaio?

2. ● Dov'è la farmacia?

3. ● Dov'è il bar?

4. ● Dov'è la banca?

5. ● Dov'è il ristorante?

6. ● Dov'è l'alimentari?

2 Dov'è il gatto?
Scrivilo sotto ai disegni.

3 Completa con la **preposizione + articolo** appropriata.

1. ● Dov'è il giornale?
   ○ _____ divano.

2. ● Di chi è questa borsa?
   ○ _____ signora Martelli.

3. ● Carino!
   ○ L'ho comprato _____ negozio qui a fianco.

4. ● Dov'è Giacomo?
   ○ E' andato _____ bar.

5. ● Si può entrare _____ tre _____ quattro.

6. ● Non si può fumare _____ cinema.

7. ● In autunno Roma è piena di foglie che cadono _____ alberi.

8. ● Dov'è il gatto?
   ○ _____ albero.

9. ● Devo telefonare _____ signor De Rossi.

10. ● Ecco l'elenco _____ telefono.

11. ● _____ strada qui accanto ci sono un sacco di negozi.

12. ● Dove si comprano i francobolli?
    ○ _____ tabaccaio, o _____ posta.

4 Unisci gli oggetti alle stanze in cui si trovano di solito.

cucina
lavandino
poltrona
tavolo
frigorifero
lavatrice
libreria
letto
vasca
lavello
scrivania
armadio
comodino
bidè
lavastoviglie
comò
tappeto
credenza
sedie
tavolino
pianta

ingresso
camera da letto
cucina
bagno
corridoio
studio
salotto

5 Ricordi che in classe hai descritto la tua casa ai tuoi compagni? Ora scrivi la descrizione.

La casa in cui vivo è abbastanza grande, ha un ingresso ...

6 Leggi questi annunci e scegli la casa che più ti attrae.

ALCUNE DELLE NOSTRE PROPOSTE

VENDITA APPARTAMENTI

APPIO LATINO

Via Latina III piano salone 2 stanze cucina abitabile grande balcone 105 mq

BOCCEA

(Via Magarotto) piano alto 2 stanze cucina abitabile 1 bagno balconi posto auto occupato

BOCCEA

(Via Magarotto) pianoterra giardino 2 stanze cucina abitabile un bagno posto auto

CASILINO

tre camere servizi grande terrazza L. 160 milioni

CASILINA

(Via Pietro Rovetti) secondo piano due stanze saloncino cucina abitabile un bagno occupato

COLLI ALBANI

(Via Genzano) primo piano mq 140 due stanze salone due balconi occupato

MONTEPORZIO

n. 2 villini a schiera su due piani da 180 mq ciascuno

NAVIGATORI

(Via Luigi Capucci) lusso salone 1 stanza cucina abitabile 100 mq giardino terrazzato

NOMENTANA

(Piazza G. Gaslini) sesto piano salone due camere cucina abitabile due bagni balcone posto auto riscaldamento autonomo

PORTA MAGGIORE

pied à terre ristrutturato tre stanze disinpegno riscaldamento autonomo

PRENESTINA

(Via Filippo Smaldone) attico due camere saloncino cucina un bagno 65 mq terrazzo occupato

SOMALIA

(L.go Somalia) due locali per totali 130 mq piazzale antistante di circa 350 mq appartamento pianoterra circa 55 mq

TIBURTINA

(Via Malagodi) sesto piano quattro letti salone due bagni balcone

TRASTEVERE

(P.zza San Cosimato) due appartamenti abbinati per totali 150 mq di cinque stanze salone e/ camino due bagni due ingressi trattative riservate

VENDITA LOCALI

PORTA MAGGIORE

negozio seminterrato fronte Fiat mq 80 termoautonomo doppio ingresso

TRASTEVERE

(P.zza San Cosimato) negozio mq 220 mq con 2 civici sulla piazza ed altri 2 civici sul retro e con 100 mq di cantine trattative riservate

AFFITTA UFFICI

APPIA PIGNATELLI

palazzina A/10 su 3 piani 1150 mq uffici ristrutturati 18 posti auto anche frazionati

COMEF srl - Via di Porta Maggiore, 57a - 59 - Tel. (06) 737355 - 738882 - 738895

IMMOBILIARE RUGGERI

ALCUNE NS. PROPOSTE

COLOSSEO Labicana occasione terzo piano quattro camere cameretta doppi servizi 120 mq 550 milioni

CENTRO Filippo Turati ultimo piano sesto libero 50 mq comm. balconi ristrutturato arredato autonomo 175 milioni

QUADRARO angolo Tuscolana quarto piano luminoso quattro camere servizi cantina balconi termoascensore

OLGIATA terzo piano due camere servizi balcone soffitta posto auto in complesso residenziale con piscina 285 milioni

TALENTI attico via Fogazzaro bicamere servizi terrazzo ristrutturato autonomo senza ascensore 235 milioni

TALENTI Capuana complesso signorile primo piano salone tre camere due bagni mq 145 oltre 90 mq terrazzo 900 milioni

TRIESTE via Animuccia primo piano salone tre camere cameretta doppi servizi balcone cantina box 690 milioni

TIBURTINA via Facchinetti occupato secondo piano tre camere servizi sfratto in corso 218 milioni

CERCHIAMO APP.TI PICCOLI MEDIO GRANDI NS. ZONA MONTESACRO TALENTI - NOMENTANO

BORSA IMMOBILIARE DI ROMA TAV.52

IMMOBILIARE RUGGERI SRL
00141 Roma Via Nicola Marchese 10
Tel. 06/86895416/86895074

AGENZIA

Vecchia Roma

...BELLE CASE DA SEMPRE

LUNGOTEVERE Mellini in elegante palazzo d'epoca due appartamenti 165 mq 175 mq A/10 splendida vista Roma settecentesca possibilità posti auto parquet a disegno originale riscaldamento autonomo a gas

LUNGOTEVERE Lungara in caratteristico palazzetto Vecchia Roma appartamento bilivelli vista fiume e Castel S.Angelo 110 mq soggiorno cucina biletto servizi termoautonomo

MONTEVERDE VECCHIO elegante 3° piano 230 mq ingresso soggiorno triplo 3 stanze 2 bagni padronali stanza e bagno di servizio cucina cantina box 2 auto

PIAZZA DELLA QUERCIA caratteristico terzo piano con ascensore ingresso angolo cottura soggiorno letto bagno soffitti con travi

BELLE ARTI elegante terzo piano 120 mq vista sul verde ingresso ampio soggiorno biletto bibagni cucina stanza e bagno di servizio e cantina

ED INOLTRE LE NOSTRE OFFERTE DI APPARTAMENTI IN AFFITTO SONO A VOSTRA DISPOSIZIONE PRESSO IL NOSTRO UFFICIO

BORSA IMMOBILIARE CABINA 27
TEL. 3610298   FAX. 3225692
ROMA   VIA A. BRUNETTI, 46
(PIAZZA DEL POPOLO)

7 Dove sono queste cose in casa tua? Scrivi delle frasi.
Ricordati che puoi rispondere anche con **non ce l'ho/non ce l'abbiamo**.

☞ **telefono**   *Il telefono è su un tavolino, in salotto, di fianco allo stereo.*

1. divano

_____

2. stereo

_____

3. lavatrice

_____

4. poltrone

_____

5. scrivania

_____

6. pianoforte

_____

7. televisione

_____

8. lavastoviglie

_____

8 Completa con la forma appropriata del **presente** del verbo **tenere**.

1. ● Mario e Marzia _____ la macchina in garage.
   ○ Noi no. La _____ in strada.

2. ● La lavatrice non mi lascia dormire.
   ○ Perché, dove la _____ ?

3. ● Io il televisore lo _____ lontano, così non mi fa male agli occhi.

4. ● Giulio è pazzo! _____ il biliardo in un salotto di 6 metri quadrati.

5. ● Dove _____ l'apribottiglie?
   ○ Sul frigorifero.

6. ● Io ho due cani e un gatto.
   ○ Due cani e un gatto?
   ● Sì, ma li _____ in giardino.

9 Scrivi i dialoghi seguendo il modello.

☞ **pianoforte - angolo a destra - scrivania**

● *E il pianoforte dove lo mettiamo?*
○ *Nell'angolo a destra.*
● *Ma ci abbiamo già messo la scrivania.*

1. tavolo - a destra della porta - pianoforte
2. televisore - tavolino bianco - stereo
3. divano - davanti alla finestra - tavolo
4. credenza - angolo a sinistra - frigorifero
5. pianta - sotto la finestra - tappeto

10 Scrivi le frasi seguendo il modello

***letto - sotto la finestra -
a sinistra della porta***

***Nella mia camera il letto è sotto la finestra.
Nella tua invece è a sinistra della porta.***

1. poltrona - davanti alla libreria - in mezzo alla stanza
2. lampada - sul tavolo - sul comodino
3. stereo - a destra della porta - accanto al letto
4. borsa - sul letto - sul tavolo
5. vaso di fiori - sul comò - per terra
6. pianoforte - parete di destra - parete di sinistra

11 Scrivi tutte le differenze che vedi tra questi due disegni.

Nel disegno A il telefono è sulla scrivania, nel disegno B è sul comodino.

A

B

12 Leggi questo testo di Natalia Ginzburg.

Lucrezia a Giuseppe

Roma, 15 dicembre

Ti racconto della mia nuova casa.

E' una casa fatta a elle. Nell'entrata c'è un attaccapanni, non di quelli che si appendono al muro ma di quelli che si spostano, con tante braccia, era nero ma l'ho verniciato di rosso. Il soggiorno è lungo e stretto. Ci ho messo il tappeto persiano e il quadro con le due carrozze, e un divano che ho fatto fare nuovo. Il quadro di Re Lear l'ha tenuto Piero. Nella mia stanza ho messo il comò con le tartarughe e l'armadio verde. Daniele, Augusto e Graziano hanno una stanza coi letti a castello. Poi c'è un'altra stanza a due letti e ci dormono Vito e Cecilia. Su questi due letti ho messo i copriletti coi draghi. C'è ancora una piccola stanza accanto alla mia e sarà la stanza del nuovo bambino. Cecilia è stufa di dormire con Vito e vorrebbe dormire da sola. Dice che dovrei darle quella stanza piccola e il bambino nuovo prenderlo a dormire con me. Io però non voglio bambini nella mia stanza.

Natalia Ginzburg, *La città e la casa*

Ora rispondi: dove sono queste cose nella casa di Lucrezia?

- il bimbo che deve nascere
- 2 letti singoli
- 2 letti a castello
- il quadro di Re Lear
- il quadro con le due carrozze

- il comò
- l'attaccapanni
- l'armadio verde
- il tappeto persiano

13 Ascolta le parole e scrivile.

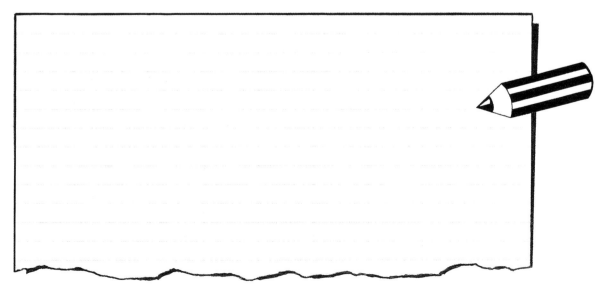

Come si chiama quella cosa che si usa per lavarsi i denti?

1 Come sono questi oggetti? Descrivili.

2 Reagisci usando **com'è** o **come sono**.

● **Mi hanno regalato un orologio.**   ○ *Ah! E com'è?*

1. ● Mi hanno regalato uno stereo.   ○ _____
2. ● Mi hanno regalato un paio di orecchini. ○ _____
3. ● Mi hanno regalato una cintura.   ○ _____
4. ● Mi hanno regalato una lampada.   ○ _____
5. ● Mi hanno regalato due cravatte.   ○ _____
6. ● Mi hanno regalato gli sci nuovi.   ○ _____

3   Inventa i dialoghi seguendo il modello.

Natale - macchina - padre

● *Sai cosa mi ha regalato mio padre per Natale? Una macchina!*
○ *Ma davvero! Che fortuna! E com'è?*

1. il mio matrimonio - genitori - casa
2. il mio compleanno - sorella - orologio d'oro
3. la laurea - ragazza/o - borsa di pelle
4. Natale - ragazzo/o - penna d'oro
5. il mio compleanno - fratello - impianto stereo
6. Natale - amici - walkman

Rispondi alle domande usando **mi sembra/sembrano**.

☞ ● Ti piacciono queste scarpe?
○ (scomode*) Non tanto. Mi sembrano scomode.*

● Che te ne pare di quest'orologio?
○ (piccolo) *Mi sembra un po' piccolo.*

1. ● Ti piace questa cravatta?
(fuori moda)

2. ● Che te ne pare di questi occhiali?
(troppo scuri)

3. ● Guarda questa borsa. Ti piace?
(troppo grande)

4. ● Che te ne pare di questi orecchini?
(troppo piccoli)

5. ● Ti piace questo film?
(lento)

6. ● Ti piace questa cintura?
(vecchia)

7. ● Guarda questa lampada. Ti piace?
(troppo grande)

8. ● Che te ne pare di questi pantaloni?
(troppo pesanti)

a. Scrivi i dialoghi seguendo il modello, e dando un tuo giudizio personale. Usa **mi sembra/sembrano**

☞ ● *Hai visto la nuova giacca di Massimiliano?*
No. Com'è?
● *Mi sembra carina.*

b. Ora riscrivi le risposte usando **lo/la/li/le trovo**.

6

a. Ripeti l'attività precedente, questa volta dando un giudizio negativo. Usa **mi sembra/sembrano**.

- *Hai visto la camicia di Gianfilippo?*
  No, com'è?
- *Mi sembra orribile!*

b. Ora riscrivi le risposte usando **lo/la/li/le trovo**.

c. Riscrivi ancora una volta le risposte usando **non mi sembra/sembrano molto.**

7

Segui il modello.

piccola

- *E' un po' troppo piccola.*

1. grande
2. caro
3. fredda

4. caldo
5. semplice

8

Scrivi i dialoghi seguendo il modello.

camicie - a righe - tinta unita

- *A me piacciono le camicie a righe.*
- *A me no, io preferisco quelle a tinta unita.*

1. scarpe - nere - marroni
2. borse - di pelle - di stoffa
3. romanzi - gialli - storici

4. musica - classica - moderna
5. case - con la moquette - con il parquet

9

Ritorna all'attività 1. Se non l'hai già fatto, scrivi nella descrizione di che materiale e colore sono gli oggetti delle foto.

> *Il computer è grigio, di plastica...*

10 Completa con **di/a/con** se necessario.

1. ● In quel negozio vendono delle camicie ___ seta bellissime.
   ○ Sì, ma non sono pratiche, quelle ___ cotone sono più comode.

2. ● Non sopporto le cose ___ quadri, preferisco quelle ___ tinta unita.

3. ● Ti piacciono quelle scarpe?
   ○ Quali quelle ___ rosse?
   ● No quelle ___ verdi, ___ i tacchi alti.

4. ● Che bella borsa!
   ○ Quella ___ il manico?

5. ● Ti piace quel tavolo ___ legno?
   ○ Quello ___ antico?
   ● Sì.
   ○ Beh... è carino... però preferisco i tavoli ___ moderni.

6. ● Ho visto una gonna ___ lunga a ventimila lire.
   ○ Sì l'ho vista anch'io, è ___ righe , vero?

7. ● Non mi piacciono i film ___ fantascienza.

8. ● Devo finire questo libro ___ storia.

11 Leggi questo brano tratto da una lettera di Gianluca a suo fratello Stefano.

> Due mesi fa ho letto "Il giorno della civetta" di Sciascia. È un romanzo che parla del problema della mafia. È la storia di Bellodi, un commissario di polizia che va a lavorare in Sicilia e deve lottare contro la mafia, ma quasi nessuno lo vuole aiutare.
> Mi è piaciuto. Lo trovo molto interessante. Ma è anche terribile –

 Ora scrivi 5 brani simili su film e libri che hai visto o letto recentemente. Ricordati di dire quando li hai visti o letti, di che cosa parlano, come ti sono sembrati, ecc.

12 Scrivi i dialoghi seguendo il modello.

(orologio)

● *Di chi è questo orologio?*
○ *E' mio.*

1. (pantaloni)
2. (cane)
3. (macchina)
4. (sigarette)
5. (scarpe)
6. (quaderno)

13 Completa con gli **articoli** dove necessario.

1. Non so dove ho messo ___ mie scarpe da tennis.
2. E' questa ___ tua borsa?
3. Qual è ___ tuo fratello?
4. Hai preso tu ___ nostri cappotti?
5. Vieni, ti presento ___ mie sorelle.
6. Potete invitare anche ___ vostri genitori.
7. Queste sono ___ sue chiavi.
8. Guarda! Me l'ha regalato ___ mia madre.

14 Completa con i **possessivi** e gli **articoli** dove occorono.

1. ● Che bell'anello! E' _____?

2. ● Mi dispiace, ma non posso venire. Devo andare a prendere _____ genitori all'aeroporto.

3. ● Andrea, senti... mi presti _____ motorino?
   ○ Veramente l'ha preso _____ fratello.

4. ● Sentite, ho trovato questo paio di occhiali. Sono _____?
   ○ Sì, sono _____.

5. ● Hai visto? Mi sono comprato i pantaloni come _____!

6. ● Peppe mi presta sempre _____ dischi.

7. ● Sa di chi sono queste?
   ○ _____ non sono.

8. ● Marco! Ho appena visto _____ sorella sulla metropolitana.
   ○ Ma se _____ sorelle sono partite tutte e due!

15 Ascolta le parole e scrivile.

Vorrei quelle scarpe che sono in vetrina

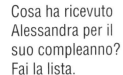

Cosa ha ricevuto
Alessandra per il
suo compleanno?
Fai la lista.

Ora scrivi una lettera a un amico o a un'amica, e racconta cos'hai ricevuto tu per il tuo compleanno.

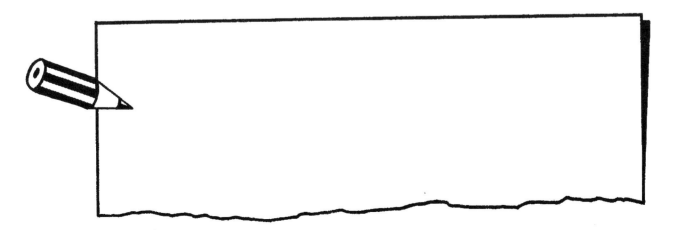

UNITÀ 20

3 Completa i dialoghi con le domande.

● **Cos'è questo?**
○ *E' un cancellino.*

● **Come si chiama quella cosa per lavarsi i denti?**
○ *Spazzolino.*

1. ● _____ ?
   ○ E' una teiera.

6. ● _____ ?
   ○ Una racchetta da tennis.

2. ● _____ ?
   ○ E' una cornice per le foto.

7. ● _____ ?
   ○ Un dischetto per computer.

3. ● _____ ?
   ○ Penna.

8. ● _____ ?
   ○ Una canna da pesca.

4. ● _____ ?
   ○ E' un'antenna per la TV.

9. ● _____ ?
   ○ Un giocattolo di mio figlio.

5. ● _____ ?
   ○ Cappotto.

10. ● _____ ?
    ○ Shampoo.

4 Completa i dialoghi seguendo il modello.

● **Ti piace questa camicia?**
○ *Sì, è carina.*

● **Ti piace questa camicia?**
○ *No, non tanto. E' troppo elegante.*

1. ● Ti piacciono questi occhiali?
   ○ _____

2. ● Guarda questa gonna. Ti piace?
   ○ _____

3. ● Ho bisogno di un paio di scarpe.
   ○ Guarda che belle quelle lì...
   ● _____

4. ● Devo fare un regalo al mio capufficio. Come ti sembra quell'agenda?
   ○ _____

5. ● Guarda che bel maglione... Ti piace?
   ○ _____

6. ● Che bella moto! Ti piace?
   ○ _____

7. ● Ti piacciono questi orecchini?
   ○ _____

5 Rispondi seguendo il modello.

 ● **Ti piacciono queste scarpe?**   ○ **(sportive)** *Non tanto. Le volevo sportive.*

1. ● Ti piace quella valigia? **(più grande)**

2. ● Ti piacciono quei guanti? **(di pelle)**

3. ● Ti piace quella giacca? **(più sportiva)**

4. ● Ti piacciono quelle calze? **(più lunghe)**

5. ● Ti piace questo cappotto? **(più elegante)**

6. ● Ti piacciono queste sedie? **(di metallo)**

7. ● Ti piace questa lampada? **(più moderna)**

8. ● Ti piace questa macchina? **(più grande)**

6 Come nell'esercizio precedente, rispondi seguendo il modello.
Questa volta però inventa tu le caratteristiche diverse.

● **Ti piace questa camicia?**   ○ *Non tanto. Preferisco quelle a quadri.*

1. ● Ti piace questo maglione?

2. ● Ti è piaciuto questo romanzo?

3. ● Ti piace questo tavolo?

4. ● Ti piacciono i film polizieschi?

5. ● Ti piace questa moto?

6. ● Ti piace questo telefono?

7. ● Ti è piaciuto questo saggio?

8. ● Ti piace questo portafoglio?

7 Come sei vestito oggi? Fai una lista delle cose che indossi, specificandone le caratteristiche.

una camicia a quadri
un maglione grigio, di lana
...

8 Scrivi le frasi seguendo il modello.

(camicia/stretta)   *Questa camicia è troppo stretta. Non ne ha una più larga?*

1. (sedia/bassa)

2. (pantaloni/lunghi)

3. (gonna/scura)

4. (cappotto/caro)

5. (giacca/pesante)

6. (vestito/sportivo)

UNITÀ 20

9 Hai bisogno di queste cose. Scrivi delle frasi seguendo il modello.

uno shampoo   *Ho bisogno di uno shampoo.*

1. un tavolo nuovo
2. una macchina nuova
3. due quaderni
4. un paio di pantaloni verdi
5. un paio di scarpe da ginnastica

6. un paio di occhiali da sole
7. qualche maglietta
8. un cappello di lana
9. un dizionario d'inglese
10. una penna

10 Completa.

1. ● _____ vedere un paio di jeans Carrera neri.
   ○ Sì. Che taglia?

2. ● _____ cartoline?
   ○ No. Le trova nel Tabacchi qui accanto.

3. ● _____ .
   ○ Buongiorno. Mi dica.
   ● _____ vedere quelle camicie di seta che sono in vetrina...
   ○ Sì. Guardi. Abbiamo questa a fiori che è molto elegante...
   ● _____ il colore. La _____ più allegra.

4. ● Posso provare questa gonna?
   ○ Sì, prego. ... Come va?
   ● _____ un pò stretta. _____ più larga?

5. ● Scusi, _____ questa lampada?
   ○ Quella? Centosessanta.
   ● Grazie.

6. ● Buonasera. _____ buste da lettera?
   ○ Sì, _____?
   ● Tre, grazie. E anche tre fogli.

7. ● Vuole altro?
   ○ No, grazie. Basta così. _____?
   ● Sono... tredicimila e quattro.

8. ● Buongiorno, _____ vedere quell'anello che è in vetrina.
   ○ Ecco, lo può guardare qui vicino alla lampada... è molto elegante...
   ● _____ ?
   ○ Dunque, quello viene... trecentocinquantamila...
   ● Grazie, ma _____ . Ripasserò.

9. ● Allora lo compri questo cappello?
   ○ Non lo so. E' molto pesante. _____ più leggero.

10. ● Va bene questa penna?
    ○ Sì grazie. _____ ?

11

Ripeti.

> 1. Me lo può incartare per favore?
> 2. Ci voglio pensare. Ripasserò.
> 3. Mi dà il Corriere della Sera?
> 4. Buongiorno. La stanno servendo?
> 5. Quelle quanto vengono?
> 6. Ne volevo uno più allegro.

12

Quando si fanno regali nel tuo paese?
Scrivi un piccolo testo.

13

Scrivi i dialoghi seguendo il modello.

 olio

- *Vorrei dell'olio.*
- *Sì, certo, quanto?*
- *Mah, me ne dia una bottiglia.*

1. farina
2. pane
3. prosciutto

4. zucchero
5. vino
6. birra

14

Scrivi i dialoghi seguendo il modello.

 farina

- *Buongiorno. Vorrei della farina.*
- *Mi dispiace signora, ma purtroppo non ne ho più.*

1. zucchero
2. pane
3. sale
4. aceto

5. olio
6. pomodori
7. mele
8. uva

15

Ascolta le parole e scrivile.

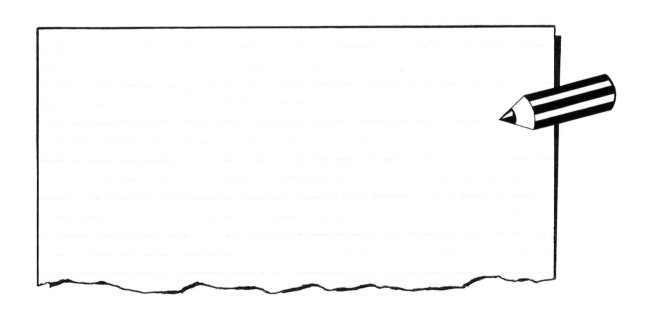

Luca? Sembra simpatico

1 Completa con **molto, piuttosto, abbastanza, un po', troppo**, se necessario.

1. ● Allora, com'è questo signor Fornasini?
   ○ E' _____ antipatico, anzi insopportabile.

2. ● Ti piace la nuova ragazza di Gianni?
   ○ Mah, è _____ carina, però sembra _____ matta.

3. ● Luigi Farinacci? Con me è _____ scostante, però forse è solo _____ timido.

4. ● E il professor Fischietti com'è, severo?
   ○ No, non severo, ma _____ esigente.

5. ● Com'è gentile la segretaria del dottor Vellutini!
   ○ Sì, è vero, mi sta _____ simpatica.

6. ● Qual è il padre di Marco?
   ○ Lo vedi quel signore _____ basso, con gli occhiali...?
   ● Quello grasso?
   ○ No, quello è il fratello. Io dico quello _____ abbronzato.
   ● Ah, sì! Sembra un tipo interessante.

7. ● Sì, è vero, Giacomo è _____ basso per Lucia, ma stanno bene insieme, no?
   ○ Sì, e poi sembra un ragazzo sveglio, mi piace.

8. ● Stefano mi sta simpatico, ma a volte è _____ volgare.
   ○ Hai ragione, a volte è _____ stupido.

2 Scrivi le descrizioni seguendo il modello.

(alta, grassa, simpatica, occhi verdi, occhiali)   *E' alta e abbastanza grassa. Ha gli occhi verdi e gli occhiali. E' simpatica.*

1. (capelli lunghi, occhi neri, capelli neri, magra, non tanto alta)
2. (capelli ricci, occhi azzurri, robusto, simpatico, molto alto)
3. (occhi verdi, capelli rossi e lisci, magra, alta, bellissima)
4. (grasso, capelli bianchi, alto, occhiali, occhi azzurri, simpatico)
5. (magrissimo, capelli ricci, biondo, barba corta, lunghi baffi, occhiali tondi da intellettuale)

3 Scrivi le frasi seguendo il modello.

(carina - abbastanza)   *Secondo me è abbastanza carina*

1. (noioso - troppo)
2. (allegro - piuttosto)
3. (gentile - molto)
4. (intelligente - molto)
5. (simpatico - non molto)
6. (bellissima)

4 Descrivi queste creature nel modo più dettagliato che puoi.

5 Scrivi due lettere a un tuo amico o a una tua amica:

a. Una in cui descrivi una persona conosciuta recentemente, che ti piace molto.
b. Una in cui descrivi una persona conosciuta recentemente, che non sopporti.

6 Scrivi le frasi seguendo il modello.

> *La signora Bulgari è più giovane della signora Fanti.*

Sig.ra Bulgari	giovane	Sig.ra Fanti
Grazia	elegante	Paola
Roberto	dinamico	Giacomo
Maria	intelligente	Enzo
Tommaso	bello	Elio
Sig. Giacchino	simpatico	Sig.ra Filippi
Enrica	sveglia	Marisa
Domenico	robusto	Giulio
Claudio	magro	Ruggero
Alice	alta	Marta

7 Pensa ai tuoi compagni e scrivi 4 frasi circolari usando **più … di.**

> Jannick è più alto di Pepe; Pepe è più grasso di
> Barbara; Barbara è più bionda di John;
> John è più basso di Jannick.

8 Ora scrivi 4 frasi circolari sulla tua famiglia usando **meno ... di.**

> *Mio padre è meno vecchio di mio nonno ;...*

9 Guarda questa tabella.

	Ilaria	Lisa	Marina
età	24 anni	31 anni	29 anni
altezza	1,70	1,65	1,59
peso	60	40	45
nº di scarpe	38	37	36

Ora forma il maggior numero di frasi possibile.

> *Lisa ha il piede più piccolo di Ilaria e di Marina, è meno alta di Ilaria,...*

10 Ti ricordi dei nomi delle parti del corpo? Prova a riscriverle.

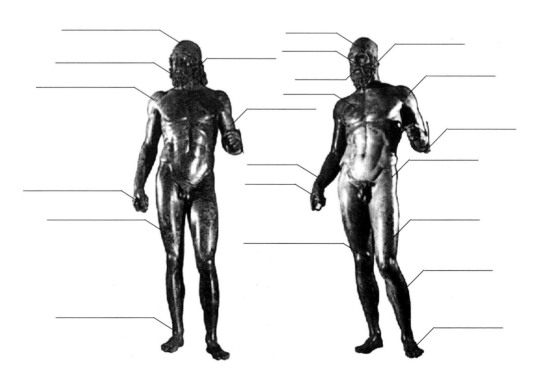

11 Dai le due risposte possibili, seguendo il modello.

☞ ● **Giuseppe e Michele sono quasi identici, vero? (alto)**

○ *Sì, ma Giuseppe è più alto.*
○ *Sì, ma Michele è meno alto.*

1. ● Carmela e Miriam sono quasi identiche, vero? (**simpatica**)

2. ● Antonella e sua sorella sono identiche, vero? (**carina**)

3. ● Dario e Francesco si assomigliano molto, vero? (**biondo**)

4. ● Luca e il padre sono identici, vero? (**magro**)

5. ● Standa e Upim sono uguali, vero? (**cara**)

6. ● Rosa e suo fratello si assomigliano molto, vero? (**stupida**)

12 Inventa dei dialoghi simili al modello.

● **Paolo è alto come Giancarlo.**
○ *Ma no! Paolo è più alto di Giancarlo.*

Paolo   Giancarlo

Silvia   Cristiana

Cristina   Valeria

Matteo   Simone

Antonello   Elio

Luca   Stefano

Gennaro

Antonio

Gioia   Teresa

Giovanna   Piera

Chiara

Fabrizia

UNITÀ 21

13 Rispondi alle domande seguendo il modello.

> ● **La Signora Morini è elegante come sua madre?**
>
> ○ *No, sua madre è più elegante.*

1. ● Cinzia è noiosa come Carla?
   ○ No, _____

2. ● Francesco è sveglio come Luca?
   ○ No, _____

3. ● Annalisa è grassa come la madre?
   ○ No, _____

4. ● Pierfrancesco è presuntuoso come i suoi genitori?
   ○ No, _____

14 Scrivi i dialoghi seguendo il modello.

> **Gabriele - biondo - barba - studia ingegneria**
>
> ● *Conosci Gabriele?*
> ○ *Quello biondo con la barba che studia ingegneria?*

1. Susanna - mora - capelli lunghi - fa l'attrice
2. Angela - bionda - capelli corti - insegna inglese
3. Piero - quasi pelato - altissimo e magrissimo - fa il medico
4. Francesco - alto - capelli rossi - baffi - lavora in banca
5. Serena - alta - magra - capelli lunghi - insegna all'università
6. Giorgio - non tanto alto - capelli corti - lavora in una casa editrice
7. Theo - enorme - fa il disegnatore
8. Massimo - capelli corti - non tanto alto - magro - fa l'ingegnere - sembra un attore

15 Scrivi delle definizioni usando **che + frase**.

meccanico

Un meccanico è una persona che ripara le macchine.

medico

Un medico è una persona che lavora in un ospedale e che cura i malati.

1. insegnante
2. segretaria
3. studente universitario
4. ingegnere
5. cuoco

6. artista
7. scrittore
8. veterinario
9. meccanico
10. giornalista

16 Leggi questo testo di Marina Jarre.

Io sono piccolo. Anche mamma è piccola. Ma lei ha finito di crescere, mentre io no. Almeno, così dice Mask. Mask è mio fratello Massimo. E' alto, anzi è altissimo. Anche lui è stato piccolo, ma naturalmente non me lo ricordo perché sono sempre stato più piccolo io. Ha diciotto anni, io ne ho undici; una volta io non ero capace di dire Max e dicevo Mask. Adesso lo chiamiamo tutti Mask.

Mask è agitato e velocissimo. Quando entra in casa e dice buongiorno è già in cucina e quando dice arrivederci è già in cortile che avvia il motorino.

[...] Mi è simpatico perché sbaglia, non come Emilio che non sbaglia mai. Emilio è l'altro mio fratello più vecchio, ha ventun anni. E' un cristiano di sinistra.

Quando parlo di me mi accorgo che tutto quel che posso dire di me lo posso dire anche di qualcun altro. Questo è seccante. Non ho nulla di mio, eccetto il nome: Paolo. Il cognome già non è più tutto mio, è di babbo e dei fratelli; mamma ne ha un altro.

Anche i miei maglioni non sono miei, neppure i libri, neppure il paletot, neppure gli sci. Tutto è stato prima dei miei fratelli. E per gli sci mi è ancora andata bene perché li aveva comperati babbo per Mask quando stava con mamma ed eravamo borghesi, cioè ricchi.

Qualche paio di calzini me l'ha comperato nuovo la mamma, però non posso esserne contento perché ho le scarpe troppo grandi con il cotone idrofilo nella punta. Pure i miei piedi sono piccoli. Ed ho il pirillo più piccolo di tutti. Anche questo è molto seccante.

Marina Jarre, La principessa della luna vecchia

Adesso prova a descrivere i personaggi della famiglia di Paolo. Ti sono simpatici o no? Perché? E di Paolo cosa puoi dire?

17 Ascolta le parole e scrivile.

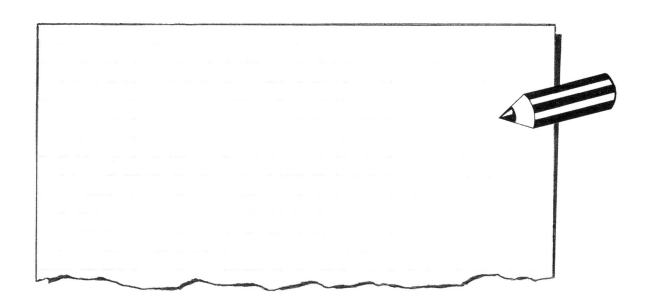

Non sapevi che stavano insieme?

1 Leggi questo testo di Natalia Ginzburg.

> ### Giuseppe a Lucrezia
>
> Roma, 20 ottobre
>
> Mia cara Lucrezia,
>
> Non credo che ci rivedremo più. Credo che ieri era l'ultima volta. Ti ho detto che forse sarei venuto ancora, il prossimo sabato, a Monte Fermo, e invece non credo che verrò. Ieri sera, mentre uscivamo dal cancello, ho alzato gli occhi sulle Margherite, e ho pensato che guardavo quella vostra casa per l'ultima volta. (...) Le Margherite, ma chissà perché la chiamate così, che di margherite non se ne vede mai nemmeno mezza là in giro. Lascio quei pochi amici che trovavo sempre da voi, Serena, Egisto, Albina, quelli con cui passeggiavamo nei boschi e con cui giocavamo a scopa la sera. Ho usato l'imperfetto, ma è un errore, perché voi continuerete a passeggiare e giocare a scopa, e l'imperfetto si riferisce soltanto a me.
>
> Natalia Ginzburg, *La città e la casa*

2 Leggi questi brani e rimetti in ordine il testo.

> 1 Non poteva essere... Cristiana dalla finestra della sua casa aveva visto Giulio allontanarsi con un uomo vestito di bianco, li aveva visti parlare e gridare. Poi, pochi istanti dopo, il motore del motoscafo aveva rotto il silenzio. Era mattina presto, e Cristiana riconosceva quel motore, ne era sicura.

> 2 Nel cielo una nuvola si piegava su se stessa come un ricciolo. Un'altra moriva all'orizzonte sfumando nell'acqua marina. Un bambino piangeva lontano mentre due pescatori parlavano tra loro in dialetto.
> - Cristiana... Cristi...
> No. Non poteva essere... Era Giulio. Veniva dalla strada.
> - Giulio?! E il motoscafo?
> - Il motoscafo è nella baia piccola dietro al promontorio.

3 Cristiana passeggiava sul molo da più di un'ora ormai. Un vento leggero e caldo le accarezzava i lunghi capelli scuri. Alcune barche cominciavano ad avvicinarsi alla banchina e lei fissava con lo sguardo la scia che lasciavano sull'acqua verdognola. Aspettava con ansia il motoscafo di Giulio ma allo stesso tempo temeva il suo arrivo.

4 - Giulio, ti ho visto andare via con un uomo.
Giulio non arrossiva mai, ma quando si emozionava una luce strana gli brillava negli occhi. Cristiana lo sapeva.
- Chi è? Dimmelo, ti prego.
- Non posso.
- Devi... per favore.
- E' mio padre.
- Tuo padre? Ma non era morto?

3 Hai già messo in ordine il testo? Ora sottolinea gli **imperfetti** e scrivine il verbo all'**infinito**. Se vuoi, puoi coniugare il verbo in tutte le persone.

4 Come e dove passavi le vacanze di solito quando eri piccolo? Scrivi un piccolo testo.

5 Completa le seguenti frasi usando l'**imperfetto.**

1. ● Quando sono stato in montagna (**alzarsi**) _____ tutte le mattine alle sei.
   ○ Beato te! Io non (**riuscire**) _____ neanche ad aprire gli occhi prima delle undici.

2. ● Quando (**essere**) _____ al campeggio, non (**mangiare**) _____ mai a pranzo.

3. ● Maria prima (**vivere**) _____ vicino a casa mia.

4. ● L'estate scorsa sono stato due mesi in campagna.
   ○ E cosa (**fare**) _____ tutto il giorno?

5. ● Prima Franco ed Enrico (**andare**) _____ sempre a sciare.
   ○ Beh, però gli (**piacere**) _____ anche il mare.

6. ● Nel 1985 dove (**abitare**) _____ ?
   ○ Noi? A via Mario de' Fiori.

7. ● Marco prima (**venire**) _____ spesso a casa nostra.

8. ● Mia moglie e io quando (**essere**) _____ giovani, (**viaggiare**) _____ sempre.

9. ● L'estate scorsa abbiamo fatto un corso d'italiano a Roma. (**Uscire**) _____ tutte le sere e (**tornare**) _____ sempre alle quattro del mattino. Poi, alle otto (**avere**) _____ lezione.
   ○ E non (**dormire**) _____ mai?

10. ● I miei figli (**stare**) _____ tranquillamente seduti sull'erba e un poliziotto li ha mandati via.

6 Guarda i disegni e scrivi le frasi seguendo il modello.

> Da piccola ero bionda.
> Ora, invece, sono mora.

7 Com'era piazza Barberini prima? Com'è adesso? Scrivi delle frasi o un breve testo.

8 Completa le frasi.

1. Prima nell'aula c'era una lavagna.
2. Prima nell'aula _____ delle sedie.
3. Prima nell'aula _____ una pianta.
4. Prima nell'aula _____ una lampada.
5. Prima nell'aula _____ dei quaderni.
6. Prima nell'aula _____ delle penne.
7. Prima nell'aula _____ delle matite.
8. Prima nell'aula _____ dei libri.
9. Prima nell'aula _____ un cestino.
10. Prima nell'aula _____ un tavolo.
11. Prima nell'aula _____ uno scaffale.
12. Prima nell'aula _____ una carta geografica.
13. Prima nell'aula _____ un pallone.
14. Prima nell'aula _____ delle cartelle.

UNITÀ 22

9 Completa con **c'è/c'era, ci sono/c'erano**.

1. Prima _____ un mercato, ora _____ un parcheggio.
2. Ora _____ dei negozi, prima _____ dei garage.
3. Ora _____ tante macchine, prima _____ solo cavalli.
4. Prima _____ una banca, ora _____ una palestra.
5. Ora _____ dei libri, prima non _____ .
6. Prima non _____ delle sedie, ora _____ .
7. Prima _____ una piazza, ora _____ tanti palazzi.
8. Ora non _____ il giardino, prima _____ tanto verde.
9. Prima _____ tanti bambini per strada, ora _____ solo adulti.
10. Prima _____ tante biciclette, ora _____ solo macchine.

10 Completa queste frasi seguendo il modello.

 Ora non lavoro la domenica   *Prima lavoravo la domenica.*

1. Ora leggo molti libri. Prima _____ solo giornali.
2. Ora vanno sempre al cinema. Prima _____ al circo.
3. Ora vede sempre Maria. Prima _____ sempre Gianna.
4. Ora giochi sempre a carte. Prima non _____ mai.
5. Ora facciamo tante passeggiate. Prima non ne _____ .
6. Ora scrivo spesso delle lettere. Prima _____ solo cartoline.
7. Ora guardo solo i film in televisione. Prima _____ anche il telegiornale.
8. Ora sei sempre triste. Prima _____ sempre allegro.
9. Ora lavorate molto. Prima non _____ mai.

11 Paragona la tua vita di adesso con quella di quando eri bambino.
Facevi queste cose? Quando le facevi? Come le facevi? Cosa preferivi? E adesso?

1. abitare	7. andare al cinema
2. lavorare	8. uscire da solo
3. andare a dormire	9. giocare
4. bere latte	10. andare a scuola
5. alzarsi	11. fare il bagno
6. mangiare	12. vestirsi da solo

Quando ero bambino abitavo in città. Adesso abito in campagna. Quando avevo 10 anni andavo in bicicletta. Ora vado in macchina.

12 Scrivi i dialoghi seguendo il modello.

 io/ieri/Bologna - io/la settimana scorsa

- *Ieri sono andato a Bologna.*
- *Davvero? Io ci sono andato la settimana scorsa.*

1. noi/Milano/giovedì - io/febbraio
2. io/Napoli/l'altro ieri - noi/il mese scorso
3. noi/Genova/2 settimane fa - noi/2 mesi fa
4. io/Venezia/sabato e domenica - io/Natale
5. noi/Torino/lunedì - io/3 giorni fa
6. io/Lecce/l'estate scorsa - io/Carnevale
7. noi/Capodanno/Palermo - noi/Pasqua

13 Completa le frasi seguendo il modello.

 Prima andavo spesso a Firenze. Adesso non ci vado più.

1. Prima Anna _____ al cinema. Adesso _____
2. Prima _____ a fare la spesa. Adesso _____
3. Prima (tu) _____ in aereo. Adesso _____
4. Prima (noi) _____ al mare. Adesso _____
5. Prima Andrea e Flaminia _____ in Francia. Adesso _____
6. Prima _____ spesso dal dottore. Adesso _____
7. Prima mio marito _____ in bicicletta. Adesso _____
8. Prima mia moglie _____ a casa di Graziella. Adesso _____
9. Prima _____ all'Università. Adesso _____
10. Prima io e mia moglie _____ a teatro. Adesso _____
11. Prima mio fratello _____ alla partita. Adesso _____
12. Prima mia sorella _____ in palestra. Adesso _____

14 Ricordi questo dialogo? Completalo.

- Lo sai che si è sposato Maurizio?
- Davvero? E con chi?
- Con Mariella.
- Mariella Guerini?
- Sì. Non _____ che _____ insieme?
- Sì, però non _____ a un matrimonio...
- Ma se già _____ insieme da più di un anno!
- Ma non mi dire! E tu sei andata al matrimonio?
- Sì, certo. Sai, io qualche anno fa _____ molto amica di Maurizio. _____ sempre con gli stessi amici.
- E com'_____ gli sposi?
- Lui _____ emozionato. _____ proprio buffo, _____ un vestito elegante, però _____ un bambino, _____ gli occhi pieni di lacrime!
- E la sposa _____ bella?
- Beh, sì. Mariella è carina. _____ i capelli tirati su, un vestito molto bello, classico. Le _____ proprio bene.

15 Rispondi affermativamente alle domande usando **proprio**, come nel modello.

● **Era simpatico?** ○ *Sì, era proprio simpatico!*

1. ● Era carina?
2. ● Era alto?
3. ● Era elegante?
4. ● E era magro, vero?
5. ● Era molto brutto, vero?

6. ● Ti alzavi presto?
7. ● Come stavi a Roma? Bene?
8. ● Parlava bene?
9. ● Andavi a dormire molto tardi?
10. ● Lavoravi molto lontano?

16 Scrivi una cosa che facevi da piccolo per ognuna di queste occasioni dell'anno.

compleanno *Per il mio compleanno non mi regalava mai niente nessuno.*

1. Capodanno
2. Natale
3. il tuo compleanno

4. il tuo onomastico
5. Pasqua
6. Carnevale

17 Scrivi delle frasi su come ti comporti quando ti succedono queste cose adesso e come ti comportavi prima. Sei cambiato?

ti fanno un regalo *Quando mi fanno un regalo sono commosso. Prima invece non dicevo nemmeno grazie perché ero un po' viziato.*

1. Ti insultano.
2. Vedi una donna o un uomo che ti piace per la strada.
3. Ti presentano una persona che volevi proprio conoscere.
4. Ti fa male un dente.
5. Hai la febbre.
6. Ti trovi a disagio.
7. Sei in una situazione molto formale.
8. Ti telefona e ti invita continuamente una persona che non vuoi vedere.
9. Ti regalano una cosa che hai già.
10. Qualcuno arriva molto tardi a un appuntamento con te.
11. Ti offrono una cosa da mangiare che non ti piace proprio.

18 Inventa i dialoghi seguendo il modello.

Si è sposato Maurizio - Stava con Mariella da più di due anni.

● *Lo sai che si è sposato Maurizio?*
○ *Ma davvero?!*
● *Sì... Ma non sapevi che stava con Mariella?*
○ *No, non ne sapevo niente.*
● *Ma se stavano insieme da più di due anni!*

1. Ho incontrato tuo fratello - E' qui a Milano per qualche giorno - Dice che ti ha avvertito la settimana scorsa.
2. E' morto il gatto dei vicini - Stava male già da tempo - Li abbiamo incontrati la settimana scorsa quando lo portavano dal veterinario.
3. Sono stato una settimana a Parigi - Ho preso una settimana di vacanza - Mi hai accompagnato a fare la prenotazione.
4. Hanno cambiato casa - Si sono comprati una casa nuova - L'altra sera non hanno parlato d'altro.

19 Fai un'unica frase senza ripetere il verbo.

> **Non si ricordava di Marta e non si ricordava della cartolina.**
> *Non si ricordava né di Marta né della cartolina.*

1. Non sono mai stato a Firenze e non sono mai stato a Pisa.
2. Non capisco l'inglese e non capisco il francese.
3. Non conosco Antonio Marchesi e non conosco suo fratello Lorenzo.
4. Non ho parlato con Mauro e non ho parlato con Gianfilippo.
5. Non mi piacciono i cani e non mi piacciono i gatti.
6. Non mi chiamo Lino e non mi chiamo Nino.

20 Unisci le due frasi sottolineando il rapporto causa - effetto.

> **Le giornate erano molto lunghe. Non arrivava mai la sera.**
> *Le giornate erano così lunghe che non arrivava mai la sera.*

1. Faceva molto freddo. Abbiamo dovuto accendere anche il camino.
2. Il vino era molto freddo. Faceva male alla lingua.
3. E' bellissimo. Ho deciso di comprarmelo.
4. Parla benissimo. Sembra italiano.
5. E' molto grande. In macchina non c'entra.
6. E' molto ricco. Ha cinque case.

21 Ascolta le parole e scrivile nel riquadro corrispondente.

/s/ **sonora** ([z]) (con vibrazione)

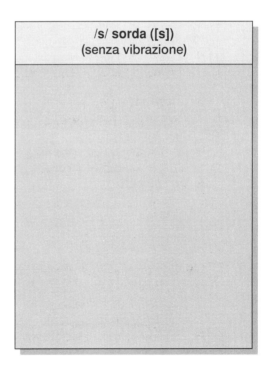

/s/ **sorda** ([s]) (senza vibrazione)

Quando sono salita non c'erano molte persone

1 Completa le frasi con la forma adatta del verbo tra parentesi al **passato**.

1. ● Sabato scorso (**noi - andare**) _____ da Carlo e Pinella.
    ○ (**esserci**) _____ anche Maria e Franco?
    ● No, non (**venire**) _____ .

2. ● Al museo d'Arte Moderna (**esserci**) _____ la mostra di Miró.
    ○ E non (**tu - andarci**) _____ ?
    ● No, non (**potere**) _____ .

3. ● Sai, Marco (**essere**) _____ un mese a Milano.
    ○ E tu? (**rimanere**) _____ qui?
    ● Sì. (**dovere**) _____ lavorare.

4. ● Prima (**noi - vedersi**) _____ sempre. Adesso non hai mai tempo...
    ○ Beh, sai... (**iniziare**) _____ a lavorare.

5. ● Giuseppe e io quando (**essere**) _____ in Umbria, (**andare**) _____ sempre
    a pesca.

    ● Quando (**voi - abitare**) _____ a Pescara non (**venire**) _____ mai a
    Roma.

6. ● Stanotte non (**io - dormire**) _____ .
    ○ Come mai?
    ● (**esserci**) _____ delle persone che urlavano per strada.

7. ● Quando (**io - studiare**) _____ (**andare**) _____ a dormire molto presto.

8. ● Ieri (**loro - venire**) _____ in questo ristorante ma non (**potere**) _____
    mangiare perché non (**esserci**) _____ posto.

9. ● Quest'estate (**io - essere**) _____ 3 mesi al mare.
    ○ Tre mesi? E cosa (**fare**) _____ tutto il giorno?

10. ● Ieri pomeriggio (**io - andare**) _____ all'ospedale a trovare Fabrizio.
    ○ Ah!... e come (**tu-trovarlo**) _____ ?
    ● Mah (**essere**) _____ un po' annoiato, ma (**sembrare**) _____ tranquillo.

2 Dal tuo diario... racconta una giornata particolare.

> Domenica mattina sono andata da Guido
> a Castelgandolfo. L'ho trovato in terrazza
> che leggeva il giornale...

a. Ecco una serie di circostanze (situazioni) e i fatti che vogliamo raccontare. Scrivi delle frasi.

CIRCOSTANZE	FATTI
fare bel tempo	andare al mare
avere da fare	rimanere in città
sentirsi male	andare dal medico
essere stanchi	rimanere a casa
avere un pomeriggio libero	andare al museo
avere sonno	andare a letto
sentire freddo	mettersi il cappotto
i bambini - gridare troppo	arrabbiarsi molto
avere gente a cena	preparare da mangiare
partire un'ora dopo	chiamare Giulio

Domenica sono andato al mare perché faceva molto caldo.
Avevo molto lavoro e sono rimasto in ufficio fino alle dieci.

b. Ripeti l'esercizio, questa volta riferendoti a Giulia.

Domenica Giulia è andata al mare perché aveva molto caldo.

c. Ripeti ancora l'esercizio, riferendoti a Dario e Bruna.

Domenica Dario e Bruna sono andati al mare perché faceva molto caldo.

UNITÀ 23

4 Completa le frasi.

1. ● Simona ha mangiato un pollo intero perché _____ fame.

2. ● Sabato mi _____ così annoiato! Non sapevo che fare.

3. ● Ci _____ preoccupati molto. Perché non _____ telefonato?

4. ● Quando abbiamo avuto l'incidente, _____ molta paura.

5. ● _____ proprio contenta! Ho superato l'esame.

6. ● Che cos'ha Antonella? _____ così triste!

7. ● Quando aspettavo mio figlio _____ sempre caldo.

8. ● _____ una sete! Beviamo qualcosa?

9. ● Quando _____ stanco, non ragiona più.

5 Rispondi a queste cartoline con delle lettere.

6 Completa.

1. ● _____ ma dovevo lavorare e allora mi sono preso tre caffè.

2. ● Vuoi mangiare qualcosa?
   ○ No grazie non _____ .

3. ● Hai bevuto tutta la Coca cola?
   ○ Beh... perché? _____ .

4. ● Com'era il film?
   ○ Lentissimo. Mi _____ dall'inizio alla fine.

5. ● Non capisco perché mi hai chiamato in ufficio!
   ○ Ma come! Era mezzanotte e non ti vedevo. Mi _____

6. ● Ieri sera ho sentito dei rumori nell'altra stanza e _____ dei ladri.

7. ● Com'è andata la festa?
   ○ Bene. Ci siamo divertiti. Solo Riccardo _____ come al solito. La sua fidanzata non lo vuole più vedere.

8. ● Posso aprire la finestra? _____ tremendo!

9. ● Sai, si sposa mia sorella...
   ○ E me lo dici con quella faccia? Non _____ ?
   ● Sì, mi fa piacere però il suo futuro marito non mi piace per niente.

10. ● Chiudiamo la finestra? Io _____

7 Ricordi questo testo? Completalo.

> Domenica mattina _____ da Guido, a Castelgandolfo. L' _____ in terrazza, _____ il giornale. Quando mi ha visto non ha sorriso e non si è alzato, ma _____ "Che sorpresa!", e si è guardato intorno preoccupato. Non_____ contento di vedermi. Mi sono seduta e mi ha offerto del vino. Si _____ benissimo in terrazza, e gli occhi di mio cugino _____ azzurri come l'acqua del lago che si vedeva dietro gli alberi del giardino. Ogni tanto si _____ suonare la campana della chiesa vicina.
>   Dopo molti bicchieri di vino mi _____ allegra ma non dimenticavo il motivo della mia visita, anche perché Guido sembrava nervoso, distratto. Ad un certo punto _____ sul tavolino, davanti a lui. Guido è rimasto in silenzio qualche minuto. Poi si _____ una sigaretta e ho visto che gli tremavano le mani. Ha detto a voce bassissima: "Chi è Teo? Non lo conosco". Gli _____ un ragazzo al centro del gruppo nella foto. "Chi è? Non l'ho mai visto."

UNITÀ 23

8 Rispondi usando **appena**.

● E' arrivata Maria?   ○ *Sì, è appena arrivata.*

1. ● Hai finito il lavoro?   ○ _____
2. ● Hai già chiamato Gianni?   ○ _____
3. ● Hai comprato i biglietti?   ○ _____
4. ● Hai fatto colazione?   ○ _____
5. ● E' iniziato il film?   ○ _____

9 Rispondi usando **appena**.

● **Che cos'hai? Hai la voce strana...**   ○ *Ho appena fatto la doccia.*
  (Fare la doccia)

1. ● Perché fai quella faccia? Stai male? **(Tagliarsi un dito)**
   ○ No, non è niente, _____

2. ● Perché sei così arrabbiata? **(Litigare con Bruno)**
   ○ _____

3. ● Sono mesi che non vedo Andrea. E tu, l'hai sentito? **(Incontrarlo nella metropolitana)**
   ○ Sì, _____

4. ● Che bei fiori! **(Comprarli al mercato)**
   ○ _____

5. ● Siete molto amici? **(Conoscersi in treno)**
   ○ No, _____

10 Scrivi i dialoghi seguendo il modello.

Giorgia - andare al lavoro   ● *Dov'è Giorgia?*
                                    ○ *E' andata al lavoro.*
                                    ● *E' già andata al lavoro?*

1. Luca e Alessandra - andare in piscina
2. La signora Martini - uscire
3. Antonio e suo padre - partire
4. Nando - andare dal medico

11 Rispondi usando **già**.

● **Ti posso offrire un caffè?**   ○ *No, grazie, l'ho già preso.*

1. ● Puoi dire a Gianni dell'appuntamento
     di domani?   ○ _____
2. ● Puoi lasciare le chiavi al portiere?   ○ _____
3. ● Ti dispiace telefonare al dottore?   ○ _____
4. ● I signori vogliono ordinare?   ○ _____
5. ● Ti aiuto a fare l'esercizio?   ○ _____
6. ● Ricordati di prendere la medicina.   ○ _____

12 Rispondi usando **non ancora.**

- **Hai già parlato con Mauro?**   ○ *No, non l'ho ancora chiamato.*

1. ● Avete già telefonato a Gianna?   ○ _____
2. ● Hai finito la traduzione?   ○ _____
3. ● Sono arrivati i ragazzi?   ○ _____
4. ● E' pronta la cena?   ○ _____
5. ● E' nata la bambina di tua sorella?   ○ _____
6. ● Avete finito il libro?   ○ _____

13 Completa le risposte usando **non ancora.**

1. ● Ceniamo?
   ○ Un momento. La cena_____

2. ● Andiamo?
   ○ Aspetta un momentino, _____

3. ● Che bello! Domenica siamo andati al mare. Guarda come siamo abbronzati.
   ○ Beati voi! Noi_____

4. ● Se non ti sbrighi perdi l'aereo!
   ○ _____

14 Scrivi 5 frasi utilizzando **sempre** o **ancora.**

Lucio abita sempre a piazza Cavour?

15 Completa con il **passato prossimo** dei verbi tra parentesi.

1. ● Vuoi un caffè?
   ○ No, grazie, **(prendere)** l'_____ già _____.

2. ● Vuoi un caffè?
   ○ No, grazie, ne **(prendere)** _____ già _____ tre.

3. ● Hai visto i signori Grasso?
   ○ Li **(vedere)** _____ ieri.

4. ● Quante ragazze sono venute?
   ○ Mah... io ne **(vedere)** _____ solo una.

5. ● Posso usare la tua macchina?
   ○ La mia **(prendere)** l'_____ Valeria.

16 Leggi questo testo.

> Domenica. Di prima mattina sono andato all'osservatorio
> meteorologico. (...) Il vento correva il cielo mattutino trasportando
> soffici nuvole; (...) verso le nove e mezzo ci fu uno scroscio di pioggia
> e il pluviometro ne conservò pochi centilitri; seguì un arcobaleno
> parziale, di breve durata; il cielo tornò poi a oscurarsi, il pennino del
> barografo scese tracciando una linea quasi verticale; rombò il tuono e
> scrosciò la grandine. Io di lassù in cima sentivo d'avere in mano le
> schiarite e le tempeste, i fulmini e le foschie: non come un dio, no, non
> credetemi pazzo, non mi sentivo Zeus tonante, ma un po' come un
> direttore d'orchestra... In quel momento d'armonia e pienezza uno
> scricchiolio mi fece abbassare lo sguardo. Rannicchiato tra i gradini
> della predella e i pali del sostegno del capannone c'era un uomo
> barbuto, vestito d'una rozza giubba a strisce fradicia di pioggia. Mi
> guardava con fermi occhi chiari.
> - Sono evaso, - disse. - Non mi tradisca. Dovrebbe andare ad avvertire
> una persona. Vuole? Sta all'Albergo del Giglio Marino.
> Sentii che nell'ordine perfetto dell'universo s'era aperta una breccia,
> uno squarcio irreparabile.
>
> Italo Calvino, *Se una notte d'inverno un viaggiatore*

Ora sottolinea le forme del **passato remoto** e scrivine **l'infinito**.

17 Ripeti le frasi cercando di rispettarne l'intonazione.

> 1. Ieri sono andato al cinema.
> 2. Maria ha telefonato poco fa.
> 3. La mia borsa è lì.
> 4. Lara non saluta mai.
> 5. Quando sono salita non c'erano molte persone.
> 6. Ho appena avuto una discussione in ufficio.
> 7. E' andato a casa sua.
> 8. Sono stanco di scrivere.

Domani sera gioco a tennis con Cesare

1 Completa usando **domani**, **dopodomani**, **tra/fra**, **prossimo/a**.

1. ● Allora, ci vediamo _____ dieci minuti?

2. ● Ma oggi è giovedì! _____ è il compleanno di Simona!
   ○ Guarda che oggi è mercoledì! Il compleanno di Simona è _____.

3. ● Sabato _____ torna Alessandro dal Canada.

4. ● Allora, come rimaniamo?
   ○ Guarda... se tu puoi, ci possiamo vedere _____ mezz'ora, sennò _____ mattina.
   Oppure rimandiamo tutto alla settimana _____.
   ● OK, allora facciamo così. Ti va bene lunedì _____?

2 Segui il modello.

    ☞   **domani**   ● *Allora ci vediamo domani.*

1. domani   3. l'anno prossimo   5. dopodomani
2. tra 5 minuti   4. fra una settimana   6. domenica prossima

3 **a.** Completa con le forme adeguate del **presente**.

1. ● A che ora (**uscire, tu**) _____ domani mattina?
2. ● Quando (**tornare, voi**) _____?
3. ● Cosa (**fare, lei**) _____ sabato prossimo?
4. ● Chi (**vedere, tu**) _____ stasera?
5. ● A che ora (**partire, lei**) _____?
6. ● Quando (**chiamare, voi**) _____?

b. Ripeti l'esercizio precedente sostituendo il presente con **dovere** + **infinito**.

c. Ripeti ancora l'esercizio precedente usando **pensare di** + **infinito**.

4 **a.** Rispondi alle domande usando il **presente** di **volere** + **infinito**.

1. ● Cosa pensi di fare domenica?
   ○ (**andare al mare**) _____.

2. ● Cosa fate stasera?
   ○ (**restare a casa**) _____.

3. ● Che fai oggi?
   ○ (**lavorare tutto il giorno**) _____.

4. ● Che cosa fa quest'estate Giorgio?
   ○ (**fare un corso di vela**) _____.

5. ● Cosa fa domani mattina?
   ○ (**uscire presto**) _____.

6. ● Che fanno i Giovannini domani sera?
   ○ (**andare al cinema**) _____.

b. Ripeti l'esercizio precedente sostituendo il **presente** di **volere** con il **condizionale**.

c. Ripeti ancora l'esercizio usando **mi/ti/**... **piacerebbe** + **infinito**.

5 Segui il modello.

👉 **restare a casa**

● *Penso di restare a casa.*

1. restare a casa
2. uscire un po'

3. andare a teatro
4. tornare tardi

5. partire
6. andare al mare

6 Segui il modello.

👉 **andare a Todi**

● *Vorrei andare a Todi*

1. andare a Todi
2. vedere Dario

3. alzarmi presto
4. studiare un po'

5. fare qualcosa
6. dormire

7 Segui il modello.

👉 **fare una gita**

● *Mi piacerebbe fare una gita*

1. fare una gita
2. fare un viaggio

3. andare in Spagna
4. sentire Camilla

5. andare a sciare
6. tornare a Venezia

8 Completa con le forme adeguate del **condizionale** di **volere**.

1. ● A Natale Mario e Luisa _____ andare in montagna.

2. ● Che fai domani?
   ○ _____ dormire un po'.

3. ● E Bruno cosa dice?
   ○ Mah... lui _____ cominciare subito...

4. ● A che ora partiamo?
   ○ Noi _____ partire presto.

5. ● Cosa fai per il tuo compleanno?
   ○ _____ fare una festa, ma non so se posso.

6. ● Senti, noi _____ andare a trovare Lucia.

9 Rispondi alle domande usando **mah** e **forse**.

1. ● Dove abita il tuo insegnante?
   ○ _____

2. ● Con chi è uscita Raffaella?
   ○ _____

3. ● Dov'è Michela?
   ○ _____

4. ● Cosa fai quest'estate?
   ○ _____

5. ● Cosa ti piacerebbe fare quest'estate?
   ○ _____

10 Trasforma seguendo il modello.

> **Ora sono le 15.00. Ci vediamo alle 17.00.**   *Ci vediamo tra due ore.*

1. Oggi è lunedì. La riunione è giovedì.
2. Oggi è martedì 10. Partiamo martedì 17.
3. Oggi è 25 dicembre. Capodanno è il 31 dicembre.
4. Adesso sono le cinque e un quarto. Ti telefono alle cinque e mezza.

11 Trasforma usando **prossimo**, secondo il modello.

> **Oggi è mercoledì. Partiamo tra 7 giorni.**   *Partiamo mercoledì prossimo.*

1. Adesso siamo in agosto. Tra 12 mesi vado a lavorare a Milano.
2. Adesso siamo nell'estate del 1991. Nell'estate del 1992 mi sposo.
3. Adesso siamo a gennaio. A febbraio andiamo a sciare.
4. Oggi è lunedì 10 settembre. Mercoledì 19 comincio il mio nuovo lavoro.

12 Ripeti le frasi cercando di rispettarne l'intonazione.

> 1. Che fai domani?
> 2. Dov'è Angelo?
> 3. Posso?
> 4. Vi va di fare un giro?
> 5. Ti posso aiutare?
> 6. Cosa fate a Natale?
> 7. Che ore sono?
> 8. Abbiamo finito?

UNITÀ 1

5.

Roma	italiano	ciao	buongiorno
studiare	lezione	scuola	arrivederci

7.

Sanni: Salerno Ancona Napoli Napoli Isernia
Rossi: Roma Otranto Salerno Salerno Isernia
Mattei: Milano Ancona Torino Torino Empoli Isernia
Gerino: Genova Empoli Roma Isernia Napoli Otranto

UNITÀ 3

16.

scusi	civili	chiamare	questo
americano	cose	francesi	piacere
quattro	banche	cinque	chi

UNITÀ 4

4.
a.

73	15	51	99	11	6	24
16	17	87	14	23	38	20

20.

buongiorno	impiegati	Giappone	ragazza
parigina	ungherese	dialoghi	belgi
Algeria	leggere	leggo	Giuseppe

UNITÀ 5

22.

compagni	famiglie	figlia	Spagna
sveglio	cognome	luglio	giugno
insegnanti	ingegneri	fogli	moglie

UNITÀ 6

7.

● Tu a che ora ti alzi?

○ Beh, in genere non tanto presto... sai, mi piace dormire. Diciamo... verso le nove.
● Le nove? Io invece alle sette, alle otto e mezzo devo uscire per andare al lavoro.
○ E quando finisci di lavorare?
● Alle quattro.
○ Ah, io no. Io lavoro dalle 10.30 alle sei e mezzo.
● E poi che fai?
○ Beh, dipende. In genere dalle 7 alle 8 vado in palestra. E tu? Dopo il lavoro?
● Vado a casa e dalle sei alle otto vado a lezione. Studio fotografia.

30.

letto	mezzanotte	colazione	classe
faccio	piace	dalle	invece
piacciono	cosa	mezzogiorno	errore
quattro	pane	difficile	penna
sera	pallone	pomeriggio	telefono

UNITÀ 7

9.

Giappone	sempre	banche	abitare
settembre	professioni	albergo	bella
abbastanza	posta	sposata	brutta

UNITÀ 8

9.

profumo	davanti	viale	lavorare
fate	giovedì	finire	uffici
vero	falso	viaggiare	figlio

UNITÀ 9

5.

1.
● Quant'è?
○ Sedicimila e cinque.

2.
● Quant'è?
○ Trecentocinquanta.

3.
● Quanto fa in tutto?
○ Sono quarantacinquemila.

4.
● Mi fa il conto?

● Sì... Dunque... Sono ventimila e novecento lire.

5.
● Allora, quant'è?
○ Un milione e quattrocento mila

6.
● Quant'è?
○ Otto e cinquanta.

14.

detersivo	cartolina	quaderno	verde
vestito	aggettivo	domenica	quindici
dopo	chiedere	vedere	latte

UNITÀ 10

12.

avvocato	scuola	gruppo	dialoghi
qualcosa	guardare	grande	classe
grigio	complemento	questo	ragazzo

UNITÀ 11

13.

● Pronto?
○ Buongiorno, sono Marina. Posso parlare con Orazio?
● Orazio è fuori. Vuole lasciargli un messaggio?
○ Mmm... Sì, grazie. Gli dica che lo aspetto alle nove davanti al Roxy Bar.

2.
● Sì?
○ C'è la dottoressa Michetti, per favore?
Sono Bianchi.
● Mi dispiace, la dottoressa in questo momento è occupata.
○ Può dirle di telefonarmi nel pomeriggio, per favore?
● Certo, non si preoccupi.

3.
● Pronto?
○ Paolo? Sono Giorgio.
● Paolo è fuori.
○ Ah, scusi. Eh... Può dirgli per favore che stasera si parte alle nove?
● Alle nove?
○ Sì, appuntamento alle nove davanti a casa di Roberto.

4.
● Pronto?
○ Potrei parlare con il dottor Pietro?
● Il dottore è fuori vuole dire a me?
○ Non importa. Sono Pedicino. Richiamo io più tardi

15.

voce	leggi	messaggio	facendo
Gianni	piace	cinque	giorno
oggi	arancione	giallo	giacca

UNITÀ 12

17.

cinquanta	guardare	quattro	qui
guida	questa	acqua	sguardo
guerra	quindi	guarito	quotidiano

UNITÀ 13

11.

ufficio	colazione	lascio	dice
vacanze	doccia	usciamo	piazzale
nazionalità	cinese	sciano	terrazza

UNITÀ 14

9.

operaio	moglie	della	luglio
poliziotto	insegnante	belli	aiutare
palestra	giornalaio	significato	fratelli
aprile	sbagliato	ballare	foglio

UNITÀ 15

13.

cara	correre	leggere	quattro
sera	abitare	terrazza	sorriso
tre	birra	radio	sicuramente

UNITÀ 16

14.

quattro	vado	andare	chiuso
burro	contorno	frutta	panino
cappuccino	parmigiano	prosciutto	latte
dolce	saporito	caldo	fresco
finito	bambino	medico	dottore

UNITÀ 17

10.

quaderno	radio	pollo	carro
dottore	insalata	birra	coltello
forchetta	ravioli	colazione	arrosto

UNITÀ 18

13.

classe	casa	passa	cose
bellissimo	usato	stessa	forse
russo	passeggiata	così	falso

UNITÀ 19

15.

nonno	amore	camminare	mamma
camicia	pane	compleanno	femminile
gennaio	camera	anno	carina
motorino	gonna	uomo	penna
lana	scimmia	rimanere	comodi

UNITÀ 20

15.

oppure	impermeabile	pubblicità	rapido
cappello	sabbia	sapone	appartamento
appunti	mobile	ripetizione	rubare
tipo	troppa	abitazione	repubblica
tabacchi	abbigliamento	obiettivo	occupato

UNITÀ 21

17.

otto	matto	addio	contraddizione
armadio	ottantotto	biglietto	raffreddato
andato	attore	seduto	ridere
addormentato	salotto	comodino	tetto
dodici	dado	addirittura	malato

UNITÀ 22

21.

Spagna	strano	sbaglio	sbrigati
sgarbo	spegnere	stupito	sfida
stanza	sbandare	schiena	spinta

SINTESI DEI PRINCIPALI ARGOMENTI GRAMMATICALI CONTENUTI NEL PRIMO LIVELLO

Questa sintesi ha l'obiettivo di sistematizzare e/o completare la trattazione di alcuni importanti aspetti grammaticali presenti nel primo livello, fornendo così un ulteriore spunto per la riflessione sul funzionamento dell'italiano, già condotta nel libro dello studente. Non vengono ripresi gli aspetti o gli operatori di cui si dà già una presentazione sufficiente (anche se non esaustiva) nel libro dello studente, il quale rimane, comunque, un punto di riferimento per il lavoro dello studente, sia individualmente che all'interno del gruppo.

GENERE DEI SOSTANTIVI

In italiano tutti i sostantivi hanno un genere: possono essere maschili o femminili. Non esistono sostantivi neutri.
Conoscere il genere dei sostantivi è fondamentale per la concordanza di tutti gli elementi associati al sostantivo: determinanti (articoli, possessivi, dimostrativi, ecc.), aggettivi, ecc.

● Sono di genere maschile la maggior parte dei sostantivi che si riferiscono a esseri di sesso maschile, e di genere femminile quelli che si riferiscono a esseri di sesso femminile.

lo zio	la zia
il bambino	la bambina

In questi casi si ottiene il sostantivo di genere femminile sostituendo la **-o** finale del maschile con una **-a**.

● Alcuni sostantivi formano il femminile sostituendo il suffisso **-tore** del maschile con **-trice**, o aggiungendo il suffisso **-(e)ssa** al maschile.

lo scrittore	la scrittrice
il dottore	la dottoressa
lo studente	la studentessa

● Altri hanno due forme totalmente diverse

il padre	la madre
il fratello	la sorella

A parte questi casi, in cui il sostantivo si riferisce a un essere con un sesso, nella maggior parte degli altri casi il genere del sostantivo è arbitrario. E' importante, quindi, quando si incontra un sostantivo, impararne subito il genere. Tuttavia, ci si può aiutare guardando la finale del sostantivo.

● Sono di genere maschile la maggior parte dei sostantivi che finiscono in **-o**.

il libro
l'armadio

Eccezioni: **la mano**

● Sono di genere femminile la maggior parte dei sostantivi che finiscono in **-a**.

la casa
la borsa

Eccezioni:
- Possono essere sia maschili che femminili i sostantivi in **-ista**, i quali si riferiscono a persone di entrambi i sessi.

l'artista
il/la dentista

- Sono di genere maschile i sostantivi in **-ema**, eccetto il sostantivo crema.

il problema
il tema

- Sono di genere maschile anche alcuni altri sostantivi:

il poeta
il collega

● Sostantivi che finiscono in **-e**
- Sono generalmente femminili quelli che finiscono in **-ione**.

la stazione
la lezione
la collezione

- Gli altri sostantivi che finiscono in **-e** sono talvolta maschili e talvolta femminili.

  il pane
  il miele
  l'estate
  la fame

- La maggior parte dei sostantivi che finiscono in consonante, di origine straniera, sono di genere maschile.

  il tram
  lo sport
  il film

- Gli altri sostantivi possono essere di genere maschile o femminile.

MASCHILE E FEMMINILE, SINGOLARE E PLURALE DEGLI AGGETTIVI

	singolare	plurale
maschile	**-o** rosso	**-i** rossi
femminile	**-a** rossa	**-e** rosse
maschile / femminile	**-e** verde	**-i** verdi

L'aggettivo **blu** è invariabile.

PLURALE DEI SOSTANTIVI

Maschile

singolare	plurale
-o **-e** **-a**	**-i**

libro   libri
cane   cani
problema   problemi

Il sostantivo **uomo** ha un plurale irregolare: **uomini**.

- Casi particolari:
  - Quando si incontrano due **i**, si mantengono entrambe soltanto se la prima è tonica. In caso contrario se ne perde una. I sostantivi che finiscono in **-io** hanno quindi il plurale in **-ii**, soltanto se al singolare la **i** è tonica: **zio** - **zii**.
  Se la **i** non è tonica, si perde: **armadio** - **armadi**; **figlio** - **figli**.

  - La maggior parte dei sostantivi che finiscono in **-co** e **-go** hanno il plurale in **-chi** e **-ghi**: **dialogo** - **dialoghi**. Tuttavia, essendo numerosi quelli che formano il plurale in **-ci** e **-gi**, si consiglia di imparare il plurale insieme a questi sostantivi: **medico** - **medici**; **amico** - **amici**.

- I sostantivi accentati sull'ultima sillaba, i monosillabi, quelli che finiscono in **-u** o in **-i**, e quelli di origine straniera rimangono invariati al plurale.

il bar	i bar
il film	i film
il tè	i tè
il caffè	i caffè

- Vi è un certo numero di sostantivi maschili al singolare che al plurale diventano femminili e formano il plurale in **-a**.

- Anche il sostantivo maschile **orecchio** diventa femminile, ma forma il plurale in **-e**: **le orecchie**.

il braccio	le braccia
il labbro	le labbra
il ginocchio	le ginocchia
il dito	le dita
l'uovo	le uova
un paio di scarpe	due paia di scarpe

- In alcuni casi ci sono due plurali, uno regolare e uno irregolare: **l'urlo** - **gli urli** / **le urla** A volte tra le due forme vi è anche una differenza di significato: **il muro** - **i muri** (della casa) / **le mura** (della città).

Femminile

singolare	plurale
-a	-e
-e	-i
-ie	-ie

borsa	borse
stazione	stazioni

- Casi particolari:
  - Il sostantivo **mano** al plurale diventa **mani**.

  - Dal punto di vista ortografico, i sostantivi in **-ca** e **-ga** hanno bisogno di una **h** prima della **-e** del plurale, per mantenere lo stesso suono: **oca** - **oche**; **barca** - **barche**.

  - I sostantivi in **-cia** e **-gia** mantengono la **i** della radice soltanto se è tonica: **farmacia** - **farmacie**; **magia** - **magie**. Se non lo è generalmente si perde: **valigia** - **valige**. In alcuni sostantivi si mantiene la **i** per distinguerli da sostantivi o aggettivi omofoni. In alcuni casi questo è facoltativo, specialmente quando il gruppo **-cia** o **-gia** è preceduto da una vocale.

I DETERMINANTI DEL SOSTANTIVO

 USO

Quando parliamo di una categoria intera (referenza generica)

Sostantivi numerabili

il/lo/la/l'/i/gli/le
- Chi ha inventato la radio?
- Le sigarette fanno male alla salute

un/uno/una/un'
- Un orologio di buona qualità dura tutta la vita

Sostantivi non numerabili

il/lo/la/l'
- Lo zucchero fa ingrassare.
- Ti piace la birra?

Questi usi sono caratteristici delle definizioni.

Quando non ci riferiamo a una categoria intera, ma a una parte o a alcuni individui concreti (referenza specifica)

Quando si parla per la prima volta di qualcosa

Sostantivi numerabili

singolare	*plurale*
un /uno/una/un'	**Per parlare di quantità imprecisate**
● Guarda c'è un aereo!	**dei/degli/delle** sottolinea il fatto che ci stiamo riferendo a individui concreti di una categoria, senza specificarne la quantità. [1]
Per negare l'esistenza	
	● Ho visto delle persone in cucina.
nessun/nessuno/nessuna/nessun'	**ø** se gli individui ci interessano più come rappresentanti di una categoria, che non nella loro specificità.
● Qui non c'è nessun altro.	
	● Cos'hai comprato? ○ Libri.
	qualche + *singolare* **un po' di** + *plurale* **alcuni/e** + *plurale* per insistere sul fatto che si tratta di quantità imprecisate
	● Mi dà qualche banana?
	● Vorrei un po' di mele.
	Per parlare di quantità precisate
	Numerali: **due/tre/...**
	● Ho incontrato due amiche.
	Aggettivi di quantità: **molti/e** - **pochi/e** - **...**
	● Quest'anno ci sono molti spagnoli.
	Per negare l'esistenza: ø
	● Non ho nemici.
Per classificare rispetto a una categoria: ø	
● Sono insegnante.	● Siamo avvocati. [2]

[1] Poco usato alla forma negativa, quando si tratta di negare l'esistenza (in questo caso si usa più spesso **nessuno**/... oppure **ø**).
[2] In realtà in questi casi il sostantivo funziona più come aggettivo che come sostantivo che si riferisce a un individuo concreto.

Sostantivi non numerabili

Per parlare di quantità imprecisate

ø serve per insistere sul concetto senza specificare la quantità
● C'è ghiaccio per strada.

del/dello/della/dell': insistono sul fatto che si tratta di quantità imprecisate.[1]

● Hai della maionese?

un po' di

● Mi serve un po' di tempo.

Per parlare di quantità precisate

Espressione di misura (peso, volume, ecc.)
● Vorrei un litro di latte.

Aggettivi di quantità: **molto/a**, **poco/a**
● Per cuocere gli spaghetti serve molta acqua.

Per negare l'esistenza: ø

● Non c'è acqua.

Quando non è la prima volta che si parla di qualcosa o quando si pensa che l'interlocutore ne conosca l'esistenza

singolare	plurale
il/lo/la/l' ● Hai chiamato il taxi?	**i/gli/le** ● Ora ti dò i biglietti.
Si limitano a indicare che il sostantivo che accompagnano è già contestualizzato.	
questo/questa/quest' **quel/quello/quella/quell'**	**questi/queste** **quei/quegli/quelle**
Servono per situare il sostantivo rispetto a chi parla.	
questo/a/...: vicinanza (spaziale, temporale, psicologica, ecc.) rispetto a chi parla **quel/quello/...**: lontananza da chi parla	
● Mi dai quel libro? ○ Quale? Questo? ● No, quello sul tavolo.	
I dimostrativi precedono sempre il sostantivo.	

[1] Poco usati alla forma negativa, specialmente quando si tratta di negare l'esistenza o il possesso (in questi casi si usa **ø**).

MORFOLOGIA

*Alcuni aggettivi come **bello** hanno forme diverse quando precedono il sostantivo.*
La loro morfologia è parallela a quella degli articoli determinativi: presentiamo le diverse forme insieme a quelle degli articoli.

● Con i *sostantivi maschili* che iniziano per **consonante** (eccetto quelli specificati sotto) si usano:

singolare	plurale	
un	—	un libro
il	i	il libro - i libri
questo	questi	questo libro - questi libri
quel	quei	quel libro - quei libri
nessun	—	nessun libro

In questi casi si usano inoltre **del** e **dei**.
L'aggettivo **bello**, se precede un sostantivo di questo gruppo diventa **bel** e **bei**.

Un **bel** libro
Dei **bei** libri

● Con i **sostantivi maschili** che iniziano per **vocale** si usano:

singolare	plurale	
un	—	un uomo
l'	gli	l'uomo - gli uomini
quest'	questi	quest'uomo - questi uomini
quell'	quegli	quell'uomo - quegli uomini
nessun	—	nessun uomo

In questi casi si usano inoltre **dell'** e **degli**.
L'aggettivo **bello**, se precede un sostantivo di questo gruppo diventa **bell'** e **begli**.

Un **bell'**uomo
Dei **begli** occhi

● Con i **sostantivi maschili** che iniziano per **z**, **s+consonante**, **gn**, **ps**, o per il suono semiconsonantico **[j]**, si usano:

singolare	plurale	
uno	—	uno zoccolo, uno yogurt
lo	gli	lo zio, gli gnocchi
questo	questi	questo psicologo, questi sci
quello	quegli	quello zaino, quegli studenti
nessuno	—	nessuno sconto

In questi casi si usano inoltre **dello** e **degli**.
L'aggettivo **bello**, se precede un sostantivo di questo gruppo diventa **bello** e **begli**.

Che **bello** sconto!
Che **begli** zoccoli!

● Con i **sostantivi femminili** che iniziano per **consonante** si usano:

singolare	plurale	
una	—	una casa
la	le	la casa - le case
questa	queste	questa casa - queste case
quella	quelle	quella casa - quelle case
nessuna	—	nessuna casa

In questi casi si usano inoltre **della** e **delle**.
L'aggettivo **bello**, se precede un sostantivo di questo gruppo diventa **bella** e **belle**.

Una **bella** casa
Che **belle** scarpe!

● Con i **sostantivi femminili** che iniziano per **vocale** si usano:

singolare	plurale	
un'	—	un'amica
l'	le	l'amica - le amiche
quest'	queste	quest'amica - queste amiche
quell'	quelle	quell'amica - quelle amiche
nessun'	—	nessun'amica

In questi casi si usano inoltre **dell'** e **delle**. L'aggettivo **bello**, se precede un sostantivo di questo gruppo diventa **bell'** e **belle**.

Che **bell'**arietta fresca!
Che **belle** albicocche!

POSSESSIVI

Situano il sostantivo rispetto a una delle funzioni personali dell'atto comunicativo: parlante/enunciatore, destinatario del messaggio, terza persona (che non partecipa direttamente allo scambio comunicativo) oggetto del discorso tra gli interlocutori.

possessivi				persona rispetto alla quale situano il sostantivo
singolare		*plurale*		
maschile	*femminile*	*maschile*	*femminile*	
mio	mia	miei	mie	io
tuo	tua	tuoi	tue	tu
suo	sua	suoi	sue	lui/lei
nostro	nostra	nostri	nostre	noi
vostro	vostra	vostri	vostre	voi
loro				loro

● Abbiamo preso la sua macchina.
● Usciamo con un nostro amico.

● In italiano, a differenza di quanto accade in altre lingue, i possessivi concordano in genere e numero con il sostantivo e non con la persona rispetto alla quale lo situano.

il suo libro (*di lui o di lei*)
la sua casa (*di lui o di lei*)

● Normalmente i possessivi precedono il sostantivo a cui si riferiscono.

● I possessivi sono sempre preceduti dall'articolo o da un altro determinante, tranne quando sono seguiti da sostantivi che indicano relazioni di parentela al singolare.

● Vieni, ti presento mio padre.

● Se però il sostantivo che indica parentela è accompagnato da un aggettivo, il possessivo dev'essere preceduto dall'articolo.

● Sì, Nico è il nostro primo figlio.

- Allo stesso modo, il possessivo dev'essere preceduto dall'articolo se è seguito da una forma alterata (diminutivo, accrescitivo, ecc.) del sostantivo di parentela.

  - Brava la mia mammina!

- **Loro** è sempre preceduto dall'articolo o da un altro determinante.

  - E' la loro figlia.

- A differenza di quanto accade in altre lingue, i possessivi possono anche essere preceduti da **un/una**, da **dei/delle** o da un dimostrativo.

  - Ieri sera sono andato a cena da un mio cugino.

  - Scusa, devo andare. Ho un appuntamento con dei miei colleghi.

  - Sai chi ho appena incontrato? Quel tuo amico che mi hai presentato lunedì scorso.

- I tipi di rapporto ai quali si possono riferire i possessivi sono molteplici: rapporti di proprietà, di parentela, di appartenenza a un gruppo, a una zona, ecc., rapporti di uso o utenza di oggetti o servizi, rapporti con cose che sono state attribuite, ecc.

  - Questo è il mio libro.

  - Vieni, ti presento mia sorella... E questa è la mia ragazza.

  - Nella mia classe ci sono soltanto due ragazze.

  - Nel mio quartiere sta diventando impossibile parcheggiare la sera.

  - Questa banca è un disastro. Perché non apri un conto nella mia, che funziona così bene?

  - Torna subito al tuo posto!

  - Anche a me piace molto Natalia Ginzburg. L'ultimo suo libro che ho letto è *Caro Michele*... E' suo, no?

- E' da notare la particolarità dell'espressione **casa mia**, senza articolo e con il possessivo dopo il sostantivo, con la quale ci si riferisce alla casa come astrazione, con tutto quello che evoca (luogo nel quale si vive, arredamento, famiglia, oggetti personali, ecc.), a differenza di **la mia casa**, espressione con cui ci si riferisce alla casa come entità fisica (costruzione).

- Quando il possessivo è introdotto dall'articolo determinativo si tratta generalmente di un sostantivo del quale si conosce già o si presuppone il rapporto con la persona alla quale si riferisce il possessivo, oppure di un rapporto unico.

  - E questa è la nostra insegnante.
  - Ci siamo incontrati nel mio ufficio tempo fa.

- Quando si informa sulla proprietà riferendosi a un elemento che è già stato menzionato, si usa **essere** + possessivo. In questi casi il possessivo non va preceduto da nessun determinante del sostantivo perché ha funzione di aggettivo.

  - Di chi è questo libro?
  - E' mio.

Tuttavia, se si presuppone l'esistenza della cosa di cui si sta parlando, o il suo rapporto con la persona rispetto alla quale la situa il possessivo, si usa normalmente l'articolo determinativo.

- ● E questo cappotto di chi è?
- ○ E' il mio.
  (*In questo caso la persona che risponde presuppone: ho un cappotto / ognuno di noi ha un cappotto.*)

- ● E questo cappotto di chi è?
- ○ E' mio.
  (*Non si presuppone niente*)

In contesti come il primo di questi esempi, **il mio** ha funzione pronominale. Non si tratta tanto di informare sulla proprietà quanto di identificare un elemento presupposto.

QUALCOSA/QUALCUNO/QUALCHE/NIENTE/NESSUNO

- ● Per riferirsi a una cosa di identità indeterminata o non specificata: **qualcosa.**

  - ● C'è qualcosa che non capisco.

- ● Per riferirsi a una persona di identità indeterminata o non specificata: **qualcuno.**

  - ● C'era qualcuno che mi seguiva.

- ● Per riferirsi a cose o persone di identità e/o quantità indeterminata o non specificata: **qualche** + sostantivo numerabile singolare.

  - ● Hai letto qualche libro ultimamente?
  - ● Abbiamo visto qualche turista.

- ● Per riferirsi all'assenza di cose: **niente**.

  - ● Non ho trovato niente.

- ● Per riferirsi all'assenza di persone: **nessuno.**

  - ● Quando siamo arrivati non c'era più nessuno.

- ● Oltre a **qualcosa**, **qualcuno** e **qualche** si usano, con sfumature leggermente diverse, anche **niente** e **nessuno** in domande sull'esistenza di persone o cose.

  - ● C'è niente per me?
    (C'è qualcosa per me?)
  - ● C'è nessuno in casa?
    (C'è qualcuno in casa?)

PRONOMI PERSONALI

Prime e seconde persone

Per le prime e seconde persone, sia al singolare che al plurale, vi è un'unica forma atona di pronome complemento.

persona		soggetto	complemento			
			forma atona			forma tonica
			diretto	indiretto	riflessivo	
singolare	1ª	io	mi			me
	2ª	tu	ti			te
plurale	1ª	noi	ci			noi
	2ª	voi	vi			voi

● Le forme **mi**, **ti**, **ci** e **vi** sono sempre atone e si usano sempre con un verbo, che generalmente precedono. Tuttavia, se il verbo si trova al gerundio o all'infinito, lo seguono, e vanno unite ad esso.

- ● Ciao!
- ○ Scusa, non ti avevo riconosciuto.

- ● Ci conosciamo?

● Con i verbi **potere**, **dovere** e **volere** i pronomi atoni possono precedere questi verbi, oppure seguire l'infinito che introducono, uniti ad esso.

- ● Posso chiederti di richiamarmi domani? Adesso sono occupato.
- ● Ti posso chiedere di richiamarmi domani? Adesso sono occupato.

● Posizione dei pronomi con i verbi all'imperativo: cfr. **Imperativo**.

● Con le preposizioni e quando si vuole mettere il pronome complemento in risalto (ad esempio per sottolineare un contrasto) si usano le forme **me**, **te**, **noi**, e **voi**. A differenza delle precedenti, queste forme sono sempre toniche.

- ● So benissimo quello che ha detto: l'ha detto a me e non a te.

- ● Vi piace la birra?
- □ A me no, per niente.
- ■ A me invece sì.
- ● Anche a me.

- ● Tieni.
- ○ È per me?

In funzione di riflessivo queste forme vanno seguite da **stesso/a/i/e**.

- ● Non ti preoccupare per gli altri. Pensa a te stesso.

● Per il **lei** di cortesia le forme del pronome complemento sono uguali alle forme femminili di terza persona.

Terze persone

		soggetto	complemento				
			forma atona			forma tonica	
			diretto	indiretto	riflessivo	compl.	riflessivo
singolare	maschile	lui	lo	gli		lui	
	femminile	lei	la	le		lei	
plurale	maschile	loro	li	gli	si	loro	sé
	femminile		le	(loro)			

Per il riflessivo vi è un'unica forma di pronome complemento di terza persona, sia singolare che plurale.

- Ogni mattina si alza alle sette.

- Lavorano insieme ma non si sopportano.

Al plurale, le forme del pronome complemento indiretto di terza persona sono identiche per il maschile e per il femminile.

- Se li vedi, gli puoi dire di chiamarmi?

- Le ho incontrate ieri sera e gli ho detto della riunione di domani mattina.

La forma **loro** come pronome complemento indiretto segue il verbo, a differenza di tutte le altre, e non si unisce mai al verbo stesso. Tuttavia, questa forma sta cadendo in disuso: attualmente, nella lingua parlata, al suo posto si preferisce sempre di più la forma **gli**. **Loro** viene usato soltanto in registri formali o nella lingua scritta formale.

- L'ultima volta che ci siamo visti ho spiegato loro ampiamente la nostra posizione.

Come soggetto, al singolare esistono inoltre le forme **egli** ed **esso** per il maschile, **ella** ed **essa** per il femminile; al plurale, **essi** per il maschile ed **esse** per il femminile. Queste forme non si usano praticamente più nella lingua parlata. Il loro uso è proprio dei registri estremamente formali o della lingua scritta.

Le forme **lo/la/li/le**, **gli/le** e **si** sono sempre atone e si usano sempre con un verbo, che generalmente precedono. Tuttavia, se il verbo si trova al gerundio o all'infinito, lo seguono e vanno unite ad esso.

Con l'imperativo (forme di cortesia **lei** e **loro**), sia affermativo che negativo, queste forme precedono il verbo.

- Prego, si accomodi.

Con le preposizioni e quando si vuole mettere il pronome complemento in risalto, si usano le forme toniche **lui**, **lei** e **loro**.

- E a me che me ne importa? Io voglio vedere lei, non lui.

Con le preposizioni e quando si vuole mettere il riflessivo in risalto, si usa la forma tonica **sé** (**stesso**).

- Avvocato, che consiglio possiamo dare a questo ragazzo?
○ Io gli consiglierei di continuare a credere in sé stesso.

Ordine dei pronomi e combinazione di più pronomi

● Nel caso in cui ci siano due pronomi atoni, generalmente il complemento indiretto, il riflessivo o **ci** precedono il complemento diretto o **ne**. In questi casi il pronome complemento indiretto o il riflessivo subiscono un cambiamento.

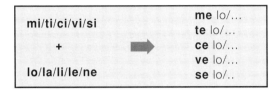

● Mi piace. Me lo compro.

● Se lo vedi, per favore non gliene parlare.

● Ciao. Noi ce ne andiamo.

Tabella riassuntiva dei pronomi personali

soggetto	complemento				forme toniche	
	forme atone				forme toniche	
	riflessivo	indiretto	diretto	complemento indiretto + **lo/la/li/le/ne**	compl.	riflessivo
io	mi			me lo/...	me	
tu	ti			te lo/...	te	
lui	si	gli	lo	glielo/.../se lo/...	lui	sé
lei	si	le	la	glielo/.../se lo/...	lei	sé
noi	ci			ce lo/...	noi	
voi	vi			ve lo/...	voi	
loro	si	gli	li/le	glielo/... se lo/...	loro	sé

Uso dei pronomi soggetto

● A differenza di quanto accade in molte lingue, in italiano i pronomi soggetto si usano soltanto quando si sente la necessità di stabilire un contrasto con altri soggetti possibili, impliciti nel contesto.

● Io mi chiamo Gianni, e tu?

● L'uso del pronome soggetto è obbligatorio, in particolare, quando all'interno di un gruppo i diversi componenti rispondono a una stessa domanda o riprendono, ognuno per sé, uno stesso predicato.

● Cosa fate?
○ Io lavoro in banca.
■ Io faccio la segretaria.
□ Io invece sono studente.

● Parlate inglese?
○ Io no.
■ Io sì.

NE

Ne svolge le funzioni del gruppo *di/da* + **pronome atono**, inesistente in italiano. Si usa in diversi contesti e con diverse intenzioni comunicative.

● Per riferirsi a una parte o quantità di qualcosa che è già stato menzionato senza dover ripetere il sostantivo.

> ● Volevo del parmigiano...
> ● Quanto?
> ● Mah, me ne dia due etti. *(ne = di parmigiano)*

● Per riferirsi a un luogo in contesti nei quali si userebbe **di** o **da** seguito dal luogo. [1] Di solito si tratta di esprimere un'idea di allontanamento.

> ● E' tardi. Io me ne vado. *(ne = da qui)*

● In altri contesti in cui si userebbe la preposizione **di**.

> ● Perché non organizziamo un po' le vacanze? Sennò poi non troviamo più posto...
> ○ Adesso non posso. Ne parliamo stasera? *(ne = di questo, delle vacanze)*.

● **Ne** è sempre atono. Se si vuol usare una forma tonica per mettere il pronome in risalto e sottolineare così un contrasto, anziché **ne** si usa **di** + sostantivo, **di** + pronome tonico, **di** + dimostrativo, ecc.

> ● E questi formaggi?
> ○ Sono sardi. Sono molto buoni. Tenga, li assaggi.
> ● Mmm... Buoni. Mi dà un paio d'etti di questo?

● Quando **ne** è preceduto da un pronome complemento indiretto, quest'ultimo subisce una trasformazione. (Cfr. **Ordine dei pronomi e combinazione di più pronomi**).

CI

● Oltre ai suoi usi come pronome complemento della prima persona plurale, **ci** si usa per riferirsi a un luogo che è già stato menzionato, senza doverlo ripetere.

> ● Ieri siamo andati allo zoo.
> ○ Noi ci siamo stati la settimana scorsa. *(ci = lì, in quel posto, ecc.)*

● E' frequente che nelle domande si riprenda il complemento di luogo con **ci** anche se viene specificato esplicitamente nella stessa frase.

> ● Ci vai alla festa di Gianni?
> ● Ci sei in ufficio domani?

Di solito si tratta di luoghi menzionati esplicitamente nel contesto precedente, o presupposti dalla domanda stessa: infatti si tratta sempre di domande che richiedono una risposta di tipo **sì/no**, le quali presuppongono gli elementi a cui si riferiscono. L'enunciatore chiede al suo interlocutore di accettarli (e confermarli) o rifiutarli.

[1] Spesso espresso con un avverbio.

Questa ripresa con **ci** di un complemento di luogo specificato esplicitamente nella stessa frase non è normale quando si danno informazioni nuove, in contesti nei quali non si presuppone né è stato menzionato il complemento di luogo.

- ● Cosa avete fatto quest'estate?
- ○ Siamo andati in Sardegna.

In contesti come questo, se non si era già parlato della Sardegna, non è possibile l'uso di **ci**.

- ● Cosa avete fatto quest'estate?
- ○ Ci siamo andati in Sardegna.

● **Ci** si usa inoltre con il significato di **a/con + lui/lei/loro**.

- ● Bisogna assolutamente avvertire Marta.
- ○ Se vuoi, ci parlo io.

- ● Non capisco perché continui a chiamarlo. Ogni volta che ci esci, ci litighi.

SIGNOR/SIGNORA/SIGNORINA

● Per rivolgersi a qualcuno in rapporti formali, come segno di rispetto si usa:

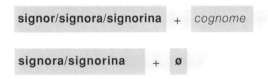

| signor/signora/signorina | + | cognome |
| signora/signorina | + | ø |

- ● Signor Mucci, come sta?

- ● Buongiorno signorina Rossi.
- ○ Buonasera signora.

Per rivolgersi a un uomo, si usa **signore + ø** soltanto per richiamare l'attenzione di uno sconosciuto. Tuttavia questi usi sono caratteristici di rapporti come cameriere/cliente o commesso/cliente. In altri contesti il suo uso è marcato socioculturalmente, e si preferisce usare **senta** e/o **scusi**.

- ● Signore! Si è dimenticato il portafoglio!

- ● E lei che prende? ... Signore!
- ○ Ah, mi scusi, diceva a me? Una birra.

In registri meno formali si trovano anche usi di **signor/signora/signorina** seguiti dal nome.

● **Signorina** si usa soltanto per rivolgersi alle donne non sposate. Tuttavia, il suo uso è in diminuzione: si tende a usare sempre più spesso **signora** indistintamente per tutte le persone di sesso femminile.

● Quando ci si rivolge direttamente alla persona, **signor/signora/signorina** non va preceduto dall'articolo.

● Per riferirsi a una terza persona si usa **signor/signora/signorina** preceduto dall'articolo e seguito dal nome e/o dal cognome.

- ● Buongiorno, volevo parlare con il signor Bianchi.

- ● La signora Costanza Zucconi è desiderata al telefono.

- ● Il signor Gabriele Eminente?
- ○ Sì, sono io.
- ● Piacere, sono Lucia Panciera.

Nell'esempio precedente si usa il **signor** (con l'articolo) perché chi parla non sa ancora di rivolgersi alla persona in questione, e quindi la tratta come una terza persona.

- Oltre a **signor/signora/signorina** in italiano è frequente l'uso di titoli universitari o professionali.

> - Professoressa Pagano, le posso parlare un attimo?
> - Buongiorno, volevo parlare con l'avvocato Ferranti.

Gli appellativi più frequenti sono: **dottore/dottoressa** (usato indistintamente per tutti i laureati universitari), **ingegnere**, **architetto**, **avvocato**, **ragioniere**, **professore/professoressa**, **direttore**, **presidente**, **onorevole** (per i membri della Camera dei Deputati), **senatore** (per i membri del Senato).

Con tutti questi appellativi, l'uso dell'articolo funziona come con **signor/signora/signorina**.

VERBI

Esistono tre gruppi di verbi, contraddistinti dalle terminazioni dell'infinito: **-are**, **-ere**, **-ire**.

CONIUGAZIONE

- Si sostituiscono le terminazioni dell'infinito **-are**, **-ere**, **-ire** con le terminazioni del tempo verbale considerato.

- Ci sono elementi caratteristici di ogni persona che appaiono nelle terminazioni di tutti i tempi verbali:

io	.... assenza di un marcatore comune
tu	.... **-i** (tranne Congiuntivo Presente e Imperativo)
lui/lei	.... assenza di un marcatore comune
noi	.... **-mo**
voi	.... **-te**
loro	.... **-no** (tranne Congiuntivo Imperfetto e Condizionale Presente: **-ero**)

PRESENTE INDICATIVO

Coniugazione

- are	parl**are**	- ere	cred**ere**	- ire	dorm**ire**
- **o**	parl**o**	- **o**	cred**o**	- **o**	dorm**o**
- **i**	parl**i**	- **i**	cred**i**	- **i**	dorm**i**
- **a**	parl**a**	- **e**	cred**e**	- **e**	dorm**e**
- **iamo**	parl**iamo**	- **iamo**	cred**iamo**	- **iamo**	dorm**iamo**
- **ate**	parl**ate**	- **ete**	cred**ete**	- **ite**	dorm**ite**
- **ano**	parl**ano**	- **ono**	cred**ono**	- **ono**	dorm**ono**

● Gran parte dei verbi in **-ire** presentano il suffisso **-isc** prima delle terminazioni del singolare e della 3ª plurale, cioè quando l'accento non cade sulla terminazione. Tra questi, alcuni verbi di uso frequente sono: **capire**, **costruire**, **finire**, **pulire**, **preferire**, **restituire**, **sparire**, **spedire**, **unire**.

capire
cap**isc**o
cap**isc**i
cap**isc**e
capiamo
capite
cap**isc**ono

Problemi fonetici e ortografici legati alla coniugazione del presente

● I verbi in **-care** e **-gare** per mantenere i suoni /k/ e /g/ in tutta la coniugazione hanno bisogno di una **h** prima delle terminazioni che iniziano per **i** o **e**.

cercare
cerco
cer**chi**
cerca
cer**chiamo**
cercate
cercano

● Anche nella coniugazione dei verbi, come nel caso dei plurali, quando si incontrano due **i**, si mantengono entrambe soltanto se la prima è tonica. In caso contrario se ne perde una.

cambiare	sciare
cambio	scio
camb**i**	sc**ii**
cambia	scia
cambiano	sciamo
cambiate	sciate
cambiano	sciano

Irregolarità frequenti

Sono numerosi i verbi che presentano un qualche tipo di irregolarità. Consideriamo qui soltanto i fenomeni salienti, sia per la frequenza con cui si producono, sia per l'importanza o la frequenza d'uso dei verbi che li presentano.

● 2ª singolare e 3ª plurale irregolare.

dare	dai/danno
stare	stai/stanno

● 1ª singolare e 3ª plurale irregolare.

rimanere	rimango/rimangono
salire	salgo/salgono
scegliere	scelgo/scelgono
togliere	tolgo/tolgono
cogliere	colgo/colgono
raccogliere	raccolgo/raccolgono

A questi verbi si aggiunge il verbo **porre** e tutti i suoi composti, che si coniugano (a partire della radice del verbo latino **ponere**) come **rimanere**.

porre	pongo/pongono
disporre	dispongo/dispongono
sovrapporre	sovrappongo/sovrappongono

● Alterazione della vocale della radice, nelle voci in cui è tonica.

sedere

siedo
siedi
siede
sediamo
sedete
siedono

dovere

devo
devi
deve
dobbiamo
dovete
devono

uscire

esco
esci
esce
usciamo
uscite
escono

● Alterazione della vocale della radice quando è tonica + altre irregolarità.

tenere

tengo
tieni
tiene
teniamo
tenete
tengono

morire

muoio
muori
muore
moriamo
morite
muoiono

venire

vengo
vieni
viene
veniamo
venite
vengono

potere

posso
puoi
può
possiamo
potete
possono

volere

voglio
vuoi
vuole
vogliamo
volete
vogliono

● Alternanza della radice latina con quella italiana.

bere (bevere)

bevo
bevi
beve
beviamo
bevete
bevono

dire (dicere)

dico
dici
dice
diciamo
dite
dicono

fare (facere)

faccio
fai
fa
facciamo
fate
fanno

● Altri verbi irregolari frequenti:

essere

sono
sei
è
siamo
siete
sono

avere

ho
hai
ha
abbiamo
avete
hanno

andare

vado
vai
va
andiamo
andate
vanno

sapere

so
sai
sa
sappiamo
sapete
sanno

Uso

● Dare e chiedere informazioni riguardanti il presente.

- Sono di Milano, ma abito a Roma.
- Lavora al Ministero degli Esteri.

● Parlare del futuro ed esporre progetti.

- Domenica è il 24.
- Quest'estate andiamo negli Stati Uniti.

● Chiedere e proporre con domande.

- Rispondete voi al telefono?
- Andiamo a sciare domenica?

● Dare istruzioni.

- Sì, guarda, giri alla prima a destra e continui sempre dritto, poi segui le indicazioni...

PASSATO PROSSIMO

Coniugazione

● Il passato prossimo si forma con il presente del verbo **avere** o con quello di **essere**, seguiti dal participio passato del verbo che si vuol coniugare.

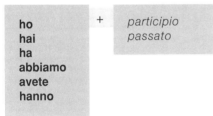

ho
hai
ha
abbiamo
avete
hanno
+ *participio passato*

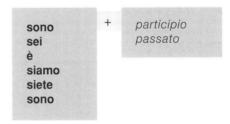

sono
sei
è
siamo
siete
sono
+ *participio passato*

● I criteri per la scelta dell'ausiliare sono complessi e numerosi. Indicativamente, si consideri che formano il passato prossimo con il verbo **avere** i verbi transitivi o usati transitivamente e la maggior parte dei verbi intransitivi che si riferiscono a un'attività del soggetto e non a un movimento/spostamento o trasformazione che riguarda il soggetto nella sua essenza.

- Cos'hai fatto ieri?
- Ho lavorato.

- Hai comprato il pane?

- Sono stanchissimo. Ho camminato tutta la mattina.

- Ieri alla festa abbiamo ballato moltissimo.

● Quando il passato prossimo si forma con il verbo **avere**, il participio passato normalmente non concorda né con il soggetto né con i complementi, rimanendo invariato con terminazione **-o**.

- Abbiamo avuto fortuna.

- Quella che hai visto prima è Marta.

Tuttavia, il participio passato concorda con il complemento diretto se quest'ultimo è espresso mediante **lo**, **la**, **li**, **le**, **ne**.

- Olivia e Serena? Non le ho ancora sentite.
- Li avete già comprati?

● Formano il passato prossimo con il verbo **essere**:

- i verbi intransitivi che esprimono un movimento/spostamento o una trasformazione che riguarda il soggetto nella sua essenza

- Come sei cresciuto!
- Quando gliel'ho detto è diventato tutto rosso.

- i verbi pronominali e i verbi costruiti impersonalmente

Quando il passato prossimo si forma con il verbo **essere**, il participio passato concorda con il soggetto.

- Oggi mi sono svegliata tardissimo.
- Due anni fa siamo andati a Siviglia.

● Sono numerosi i verbi che hanno usi diversi e possono, secondo i casi, formare i tempi composti sia con **avere** che con **essere**.

- Che giornata! Abbiamo corso tutta la mattina.
- Appena l'ho saputo sono subito corso qui.

● I verbi **dovere**, **potere** e **volere**, se usati da soli (generalmente in questi casi il verbo che li segue è sottinteso), formano il passato prossimo con **avere**.

- Hai comprato il pane?
- No, non ho potuto.

Quando invece sono seguiti da un infinito, spesso formano il passato prossimo anche con l'ausiliare di quest'ultimo.

- Com'è andata la riunione?
- Non lo so. Purtroppo non sono potuto restare.

Tuttavia, esistono casi nei quali non è possibile l'uso dell'ausiliare **avere**:

- Ho voluto/dovuto andarci.
- Sono voluto/dovuto andarci.

- Ci sono voluto/dovuto andare.
- ~~Ci ho voluto/dovuto andare.~~

*(In questo caso **avere** è impossibile)*

Uso

Per raccontare fatti accaduti nel passato che all'enunciatore interessano per sé stessi.

PARTICIPIO PASSATO

Coniugazione

- are	- ato	parlare		parlato
- ere	- uto	credere	⮕	creduto
- ire	- ito	dormire		dormito

Serve per la formazione di tutti i tempi composti.

Irregolari frequenti

aprire	**aperto**	leggere	**letto**	rompere	**rotto**
chiedere	**chiesto**	mettere	**messo**	scegliere	**scelto**
chiudere	**chiuso**	morire	**morto**	scendere	**sceso**
correre	**corso**	muovere	**mosso**	scrivere	**scritto**
cuocere	**cotto**	nascere	**nato**	spegnere	**spento**
decidere	**deciso**	offrire	**offerto**	succedere	**successo**
dire	**detto**	perdere	**perso**	togliere	**tolto**
essere	**stato**	prendere	**preso**	vedere	**visto**
fare	**fatto**	ridere	**riso**	vincere	**vinto**
friggere	**fritto**	rimanere	**rimasto**	vivere	**vissuto**

IMPERFETTO INDICATIVO

Coniugazione

Si sostituisce il **-re** dell'infinito con le terminazioni.

- re	parlare	credere	dormire
- **vo**	parl**avo**	cred**evo**	dorm**ivo**
- **vi**	parl**avi**	cred**evi**	dorm**ivi**
- **va**	parl**ava**	cred**eva**	dorm**iva**
- **vamo**	parl**avamo**	cred**evamo**	dorm**ivamo**
- **vate**	parl**avate**	cred**evate**	dorm**ivate**
- **vano**	parl**avano**	cred**evano**	dorm**ivano**

Come si può notare, si mantiene la vocale caratteristica di ogni gruppo.

Irregolari

essere	dire (dicere)	fare (facere)	bere (bevere)
ero	dicevo	facevo	bevevo
eri	dicevi	facevi	bevevi
era	diceva	faceva	beveva
eravamo	dicevamo	facevamo	bevevano
eravate	dicevate	facevate	bevevate
erano	dicevano	facevano	bevevano

Uso

● Per chiedere qualcosa o esprimere desideri senza sembrare troppo impositivo.

● Volevo delle informazioni.

In alcuni casi, specialmente quando si espongono progetti, l'uso dell'impefetto dà una sensazione di maggior disponibilità nei confronti dell'interlocutore.

● Andiamo al cinema stasera?
○ Mah... Stasera preferivo restare a casa.

● Per riferirsi a fatti passati non come fatti in sé, ma come elementi caratteristici di una situazione che vogliamo descrivere o evocare.

● Perché non mi avete chiamato?
Ero a casa...

● Da piccolo andavo spesso in campagna con i miei.

Parlando del passato, spesso la situazione descritta o evocata serve per contestualizzare altri fatti che si vogliono raccontare.

● Viaggiavamo tranquillamente e di colpo si è fermato il motore.

IMPERATIVO

Forma affermativa

● L'imperativo ha forme proprie soltanto per le 2ᵉ persone. Queste forme sono generalmente uguali a quelle del presente indicativo, eccetto quelle della 2ª persona singolare (**tu**) dei verbi in **-are**.

	parlare	prendere	dormire	capire (-isc)
tu	parla	prendi	dormi	capisci
voi	parlate	prendete	dormite	capite

Questo vale anche per la maggior parte dei verbi con irregolarità al presente indicativo:

	sedere	venire	uscire	bere
tu	si**e**di	vi**e**ni	**e**sci	**bev**i
voi	s**e**dete	v**e**nite	**u**scite	**bev**ete

- Per le altre persone si usano le forme corrispondenti del congiuntivo presente (cfr. **Coniugazione del congiuntivo presente**).

- Per ragioni inerenti all'essenza e al funzionamento dell'imperativo, questo modo verbale non esiste per le persone **io** (persona che parla), né per **lui/lei/loro** (persone di cui si parla, ma che non partecipano direttamente alla comunicazione). Esiste, invece, per **lei** e **loro** di cortesia (persone direttamente coinvolte nello scambio comunicativo). Tuttavia, l'uso del **loro** di cortesia è sempre più raro nella lingua parlata.

- I verbi **potere**, **dovere** e **volere**, a causa del loro semantismo, normalmente non si usano all'imperativo.

Irregolari frequenti

(Si indicano soltanto le voci che presentano un'irregolarità)

	tu	voi
essere	sii	siate
avere	abbi	abbiate
sapere	sappi	sappiate
dire	di'	

Inoltre, alcuni verbi hanno, accanto alla forma normale, uguale a quella del presente indicativo, una seconda forma tronca per la 2ª persona singolare.

andare	vai/va'
dare	dai/da'
stare	stai/sta'
fare	fai/fa'

Posizione dei pronomi

- Le forme atone dei pronomi complemento, **ne** e **ci**, si uniscono alle voci della 2ª singolare e della 1ª e 2ª plurali. Nel caso in cui ci siano due pronomi, generalmente il complemento indiretto o **ci** precedono il complemento diretto o **ne** (cfr. **Pronomi personali**).

  - Prendi**lo**.
  - Scegliete**ne** uno.
  - Fermiamo**ci**.
  - Andiamo**cene**.
  - Leggi**melo**.
  - Parlate**gliene**.

- Con le forme di 3ª persona (imperativo rivolto a un **lei** o un **loro** di cortesia) i pronomi precedono il verbo, separati da questo.

  - Mi scusi.
  - Ce la mandi.
  - Si accomodino.

Forma negativa

● Per la 2ª persona singolare si usano le forme dell'infinito.

● Non fare tardi.

● Per le rimanenti persone si usano le stesse forme che si usano per l'imperativo affermativo.

● Non mi dica!
● Non andate via!
● Non facciamo così!

Posizione dei pronomi

● Alla forma negativa, la posizione dei pronomi atoni, **ne** e **ci** segue le regole della forma affermativa. Tuttavia, alla 2ª persona singolare, e alla 1ª e 2ª plurali, i pronomi possono anche precedere il verbo, separati da questo.

● Non ve ne andate / Non andatevene.
● Non te ne andare / Non andartene.
● Non ce ne andiamo / Non andiamocene.

Con queste persone (nelle quali la funzione di destinatario del messaggio è più esplicita) si osserva inoltre una forte tendenza all'anteposizione dei pronomi, che viene sentita come più "normale", specialmente nei registri informali.

Uso

● L'uso dell'imperativo è legato prevalentemente alla gestione dei rapporti sociali: per concedere il permesso, offrire qualcosa, ribadire cortesemente una proposta, ecc.

● Posso uscire?
○ Certo, esci pure.
● Prendetene ancora un po'.
● Dai, vieni!

● Si usa inoltre per dare istruzioni.

● Sì, guarda, prendi Corso Francia, vai avanti per un paio di chilometri e dopo il ponte, gira subito a destra.

● Limitato è l'uso per dare veri e propri ordini. In questo caso sono più frequenti:

- Presente indicativo in forma affermativa.

● Adesso le telefoni e glielo chiedi.

- Presente indicativo in forma interrogativa.

● Puoi venire qui, per favore?
● Me lo passa?

CONIUGAZIONE DEL PRESENTE CONGIUNTIVO

(per le irregolarità e gli usi cfr. il **secondo livello**)

-are	parlare	**-ere/-ire**	prendere	dormire	capire (-isc)
-i	parli	-a	prenda	dorma	capisca
-i	parli	-a	prenda	dorma	capisca
-i	parli	-a	prenda	dorma	capisca
-iamo	parliamo	-iamo	prendiamo	dormiamo	capiamo
-iate	parliate	-iate	prendiate	dormiate	capiate
-ino	parlino	-ano	prendano	dormano	capiscano

GERUNDIO

- are	➡	- ando	parlando
- ere	➡	- endo	prendendo
- ire			dormendo

Irregolari frequenti

bere	bevendo
dire	dicendo
fare	facendo

ANDARE/PIACERE/SEMBRARE

pronome indiretto	+	**va** **piace** **sembra**	+	*singolare*

- Ti va un succo di pomodoro?
- Le piace molto ballare.
- Ci sembra un po' caro.

pronome indiretto	+	**va di** **piace** **sembra di**	+	*infinito*

- Vi va di uscire?
- Non mi piace cenare solo.
- Non vi sembra di essere troppo duri?

pronome indiretto	+	**vanno** **piacciono** **sembrano**	+	*plurale*

- Le vanno due spaghetti?
- Vi piacciono gli animali?
- Mi sembrano troppo larghe.

PERIFRASI

● **Bisogna + infinito**
Serve per esprimere obbligo o necessità in modo impersonale, riferendosi a una situazione e non a un soggetto in particolare.

● Bisogna essere là prima delle otto.

● **Stare + gerundio**
Serve per presentare il predicato verbale come una situazione nella quale si trova il soggetto, e non come semplice informazione.

● In questi giorni stiamo lavorando molto.

● **Pensare di + infinito**
Serve per esprimere intenzioni o progetti.

● Penso di partire martedì prossimo.

DOMANDARE

Le domande servono a far progredire la comunicazione, ottenendo nuove informazioni o chiarendo le cose dette, provocando reazioni da parte dell'interlocutore, stimolandolo a proseguire nel suo discorso o a riconsiderarne una parte, ecc. Spesso le domande servono a chiedere chiarimenti sulla strategia discorsiva adottata dall'altro, o sull'intenzione comunicativa con cui è stato detto qualcosa.

● Quando abbiamo già formulato una domanda, quelle che seguono vengono spesso introdotte da **e** seguito dalla domanda.

● Che lavoro fai?
○ Sono insegnante.
● E dove insegni?

● Questo non avviene nei casi in cui la domanda successiva è una richiesta di chiarimenti sulla risposta alla domanda precedente, e nelle situazioni di interrogatorio (nelle quali i due interlocutori non sono sullo stesso piano).

● Di dove sei?
○ Italiano.
● Di dove?

● Mi può dire il suo nome?
○ Alessandra Ferranti.
● Che lavoro fa?
○ Sono avvocato.

Domande che richiedono una risposta di tipo sì/no

● In italiano la struttura delle frasi interrogative che richiedono una risposta di tipo **sì/no** è identica a quella della frase affermativa o negativa: soltanto il punto interrogativo nella forma scritta, e l'intonazione in quella orale, permettono di distinguere una frase interrogativa da una affermativa o negativa.

● Sei Marcello?
● Hai visto Lucia?

● Queste domande servono per chiedere all'interlocutore di confermare o respingere una nostra supposizione. Nelle risposte di solito non ci si limita a rispondere con **sì/no**, ma si tende a dare l'informazione corretta, o ad aggiungere altri elementi, per far proseguire normalmente la comunicazione.

● Avete figli?
○ Sì, due.

● Parti domani?
○ No, stasera.

● Le risposte che si limitano a un **sì** o un **no** sono spesso percepite come troppo secche, o come un rifiuto di far proseguire la comunicazione, a meno che siano giustificate da una particolare situazione (fretta, interrogatorio, ecc.). Nelle risposte affermative, quando non sappiamo cos'altro dire perché non abbiamo capito bene l'intenzione comunicativa del nostro interlocutore, o perché ci sentiamo a disagio, a volte riprendiamo l'elemento chiave della domanda.
Tuttavia, di solito non si ripete tutta la frase detta dall'altro, per evitare di dare la sensazione di prenderlo in giro o di "fargli il verso".

● Parti domani?
○ Sì, domani.
   (risposta normale)

● Parti domani?
○ Sì, parto domani.
   (risposta anomala)

● Nelle risposte negative, generalmente si dà subito dopo l'informazione corretta. Non farlo sembra spesso scortese, o dà la sensazione che non vogliamo collaborare con l'altro.

● Per chiedere conferma di una supposizione, oltre alle domande semplici si usano spesso:

frase   +   **vero** / **no**   ?

● Quella è Monica, vero?

● Noi abbiamo la stessa età, no?

Domande per ottenere un elemento d'informazione che non abbiamo

Questo tipo di domande sono introdotte da una particella interrogativa tonica. Questo elemento interrogativo è poi seguito dal verbo e dagli eventuali complementi.
In alcuni casi l'elemento interrogativo è preceduto da una preposizione.

● Le particelle interrogative usate per fare domande sull'identità sono:

- Per domandare di persone in generale: **chi**

● Chi è?
○ E' Chiara, la sorella di Francesco e Raffaella.

● Chi sono quei ragazzi?
○ Dei miei colleghi di lavoro.

- Per domandare di cose in generale:
che cosa / cosa / che

● Che cosa ti posso offrire?

● Che prendete?

● Cosa stai facendo?

- Se non si è riconosciuto il sostantivo al quale si è riferito il nostro interlocutore:
  che + sostantivo / **quale** (+ sostantivo)

  - ● Hai visto il disco?
  - ○ Che disco?
  - ● Quello che ti ha riportato Marco.

  - ● Mi passi quel libro?
  - ○ Quale libro?

- Per chiedere all'interlocutore di scegliere tra cose o persone presenti o menzionate esplicitamente nel contesto:
  quale/quali (+ sostantivo)

  - ● E tua madre qual è?
  - ○ Quella con gli occhiali vicino alla finestra.

  - ● Cosa prendi?
  - ○ Un po' di vino, grazie.
  - ● Quale preferisci, il bianco o il rosso?

● Per fare domande su un elemento spaziale:
  dove

  - ● Dove vai?
  - ● Da dove vieni?
  - ● Di dove sei?

● Per fare domande su un elemento temporale:
  quando

  - ● Quando partite?

● Per informarsi riguardo al momento di inizio di un'azione o situazione ancora in corso:
  da quando / da quanto tempo

  - ● Da quando abiti qui?
  - ● Da quanto tempo sei arrivato?

● Per informarsi sulla quantità:
  quanto/a/i/e (+ sostantivo)

  - ● Senti, compri tu il pane?
  - ○ Sì, va bene. Quanto?

  - ● Quante macchine hanno?

● Per informarsi sul modo:
  come

  - ● Come passi le domeniche?
  - ● Come si fa la pasta alla carbonara?

● Per informarsi sul motivo, la causa o lo scopo:
  perché / come mai

  - ● Come mai studi italiano?
  - ● Perché non sei venuto?

Le domande con **perché** sembrano spesso più inquisitive o più indiscrete delle domande con **come mai**, che sono, invece, più rispettose dell'interlocutore. Ciò è dovuto, in parte, al fatto che quando usiamo **perché** presupponiamo che il nostro interlocutore abbia la risposta, a differenza di quanto accade con **come mai**.

A queste domande si può rispondere con:
per + infinito/sostantivo
perché + frase

  - ● Come mai studi l'italiano?
  - ○ Per parlare con la mia fidanzata. E tu?
  - ● Per lavoro.
  - ■ Io perché voglio andare a vivere in Italia.

ESCLAMAZIONI

Le esclamazioni sono modi di esprimere valutazioni o pareri su informazioni, persone o cose, sotto forma di reazioni spontanee e immediate.

Le strutture esclamative più frequenti in italiano sono le seguenti:

- Per esclamare sulle caratteristiche di qualcosa:

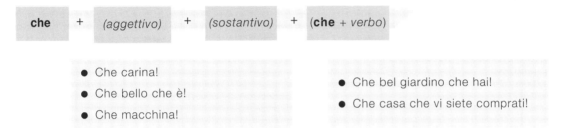

che + *(aggettivo)* + *(sostantivo)* + (**che** + *verbo*)

- Che carina!
- Che bello che è!
- Che macchina!

- Che bel giardino che hai!
- Che casa che vi siete comprati!

- Per esclamare sulle caratteristiche di qualcosa o sul modo di fare qualcosa:

quanto come + *verbo* + *aggettivo avverbio*

- Come siete eleganti stasera!
- Quant'è bello!
- Come parla bene!

- Per esclamare sulla quantità:

quanto/a/i/e + *sostantivo* + (**che** + *verbo*)

- Quanto lavora!
- Quanto pane (che) mangia!
- Quanti soldi!

quanto + *verbo*

FORMA NEGATIVA E INTERROGATIVO-NEGATIVA

- La forma negativa si forma premettendo **non** al verbo o a qualsiasi altro elemento che si vuol negare.

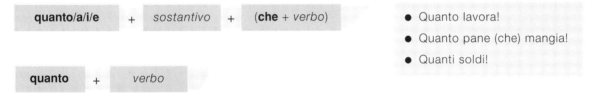

- Non lo conosco, non l'ho mai visto.
- Allora, sei uscita con Gianni?
- Sono uscita, ma non con Gianni.

- Parlo l'inglese ma non il francese.
- Se volete ci vediamo, ma non a casa mia

- La stessa costruzione vale per le frasi interrogativo-negative.

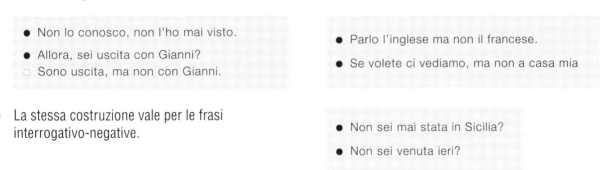

- Non sei mai stata in Sicilia?
- Non sei venuta ieri?

PERIODI RELATIVI

● Per aggiungere delle informazioni (che non costituiscono l'informazione principale che si vuol dare) su uno degli elementi nominali di una frase (sostantivo, pronome, ecc.), si usa spesso:

che	+ *informazione*

● L'uomo che è appena uscito è un rapinatore.
● Il film che abbiamo visto ieri sera era in italiano.

● Questi enunciati sono sempre composti da due frasi diverse, di cui una viene integrata nell'altra.

Informazione principale:
(quel)l'uomo è un rapinatore

Informazione secondaria:
un/(quel)l'uomo è appena uscito.

➡ ● L'uomo che è appena uscito è un rapinatore.

Informazione principale:
quel/il film è in italiano

Informazione secondaria:
ieri sera abbiamo visto quel/un film.

➡ ● Il film che abbiamo visto ieri sera era in italiano.

In entrambe le frasi originarie si ritrova lo stesso elemento nominale di cui si sta parlando.
Quando quest'elemento nominale è soggetto o complemento diretto della frase che viene integrata nella principale, viene sostituito da **che**.
Quando, invece, nella frase che viene integrata nella principale l'elemento nominale è introdotto da una preposizione, si mantiene la preposizione e il sostantivo viene sostituito da **cui** o da **il/la quale**, **i/le quali**.

● Il ragazzo con cui stavi parlando è mio fratello.

● Il ragazzo con il quale stavi parlando è mio fratello.

PER RIFERIRE COSE DETTE

Ci limitiamo qui a dare alcune indicazioni generali su problemi che appaiono nel primo livello, alcuni dei quali soltanto implicitamente, e su cui non ci soffermiamo. Il discorso riferito verrà affrontato nei dettagli nel **secondo livello**.

Quando riferiamo cose dette da noi stessi o da altri possiamo o ripeterle testualmente, oppure integrarle in un discorso posteriore, riassumendole, interpretandone l'intenzione comunicativa, ecc. Generalmente il discorso riferito va introdotto da un verbo, come ad esempio **dire**. *Spesso il verbo utilizzato aiuta anche ad indicare l'intenzione comunicativa e l'atteggiamento con il quale sono state pronunciate le parole che vengono riferite:* **chiedere**, **spiegare**, *ecc.*

● Di solito, se si tratta di informazioni, le parole riferite vengono riprese mediante la struttura **che**+ frase.

● Ha telefonato Gianni. Ha detto che stasera non può venire.

● Come mai era così triste?
○ Mi ha spiegato che ha litigato con il suo ragazzo

- Se si tratta di domande che richiedono una risposta del tipo **sì/no**, vengono riprese da **se** + frase.

- ● Che voleva?
- ○ Niente di speciale. Mi ha chiesto se ha telefonato qualcuno.

- Se si tratta di domande su un elemento di informazione mancante, vengono integrate nella frase senza alcuna modifica.

- ● Che voleva?
- ○ Mi ha chiesto quando finisce il corso.

- Se si tratta di ordini o richieste, vengono riprese con **di**+infinito.

- ● Cosa ti ha detto?
- ○ Mi ha chiesto di passarlo a prendere.

- Oltre a queste piccole modifiche, elementari, spesso cambiano altri elementi, come ad esempio i tempi verbali, i possessivi, ecc.

C'È / CI SONO

- Si usano **c'è/c'era**/...+ singolare e ci **sono/c'erano**/... + plurale per introdurre gli elementi presenti o esistenti in una situazione che vogliamo descrivere.
  Ci in questa struttura sta per **lì**, **in quel luogo**.
  (Cfr. **CI**)

- ● Vicino a casa mia c'è un grande parco.
- ● Alla Posta c'era una fila lunghissima.
- ● Scusi, c'è un telefono?
- ● A Rimini ci sono molti teatri?
- ● C'è Bruno? Devo parlargli urgentemente.

TRA / FRA

- Parlando del futuro rispetto al momento in cui ci si trova, se non si dispone di una data o un momento preciso (ma si ha un'idea del tempo che ce ne separa), oppure se, pur disponendone, non si vuole menzionarli perché in quel contesto non interessa tanto la data quanto il tempo che ce ne separa, è possibile ricostruire la data o il momento in questione con gli operatori **tra** e **fra** seguiti da un'espressione di quantità di tempo.

- ● Ci vediamo tra due ore.
- ● Mio padre va in pensione fra due anni.

- Con **tra** e **fra**, in questi casi, l'enunciatore fa un salto in avanti nel tempo e definisce ("ricrea") una data. Il punto di partenza è sempre il momento in cui si parla: **tra** e **fra** non servono per ricostituire momenti futuri rispetto a un altro momento del passato o del futuro. In questi casi si usa **dopo**.

- ● È arrivato alle dieci, e due ore dopo è ripartito
- ● La nave arriva a Civitavecchia alle 18 di domani sera. Il suo volo parte due ore dopo, quindi si deve sbrigare.

FA

● Parlando del passato rispetto al momento in cui ci si trova, se non si dispone di una data o un momento preciso (ma si ha un'idea del tempo che è trascorso), oppure se, pur disponendone, non si vuole menzionarli perché in quel contesto non interessa tanto la data quanto il tempo trascorso, è possibile ricostruire la data o il momento in questione con un'espressione di quantità di tempo seguita da **fa**.

● Siamo arrivati due ore fa.

● In questi casi, con **fa**, l'enunciatore compie un salto indietro nel tempo e definisce un momento. Come nel caso di **tra** e **fra**, il punto di partenza è sempre il momento in cui si parla: per riferirsi a un momento anteriore a un altro momento del passato o del futuro, di cui si sta parlando, si usa **prima**.

● Siamo arrivati a Roma alle due. Tre ore prima eravamo ancora a Londra.

AVVERBI IN -MENTE

● La maggior parte degli avverbi di modo e alcuni avverbi di frequenza si formano aggiungendo al femminile degli aggettivi il suffisso **-mente**.

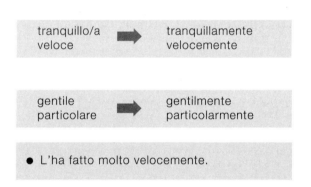

tranquillo/a ➡ tranquillamente
veloce ➡ velocemente

● Gli aggettivi che terminano in **-le** o **-re** perdono la **e** davanti a **-mente**.

gentile ➡ gentilmente
particolare ➡ particolarmente

● In genere gli avverbi di modo in **-mente** seguono il verbo.

● L'ha fatto molto velocemente.

SUFFISSI

● E' possibile modificare il senso di una parola mediante l'uso di suffissi. Ne presentiamo solo i più comuni.

Diminutivi	-ino/a ragazzino piccolino	-etto/a ragazzetto piccoletto	-otto/a ragazzotto piccolotto	-ello/a alberello

Accrescitivi	-one/a ragazzone		Dispregiativi	-accio/a ragazzaccio

Tuttavia, non tutti i suffissi funzionano con tutte le parole, ed è spesso possibile usarne due contemporaneamente, combinandoli (**fiorellino**, **grassottello**…). Inoltre, l'uso dei suffissi permette di esprimere sfumature da interpretare secondo il contesto.

● L'uso del diminutivo con aggettivi e con alcuni avverbi permette di neutralizzarne parzialmente il significato, per esempio perché la persona che parla non è tanto convinta, o di presentarli in modo meno diretto o esplicito, per rispetto verso l'interlocutore o per non deludere eccessivamente le sue aspettative.

● Ti piace?
○ Sì, è bellino.

● Com'è?
○ Bassino, grassottello, ma molto simpatico.

● Quest'uso è particolarmente frequente, quando si presentano caratteristiche considerate negative, per evitare di deludere le aspettative dell'interlocutore.

● Non le sembra un po' bruttino?

E / NÉ

● Per coordinare due elementi dello stesso tipo si usa **e**.

● Che fai?
○ Niente, di speciale. Mi riposo: mangio e dormo.

● Parlo inglese e francese.
● Vive e lavora a Roma.

● Nelle enumerazioni di più di due elementi, generalmente soltanto l'ultimo va introdotto da **e**.

● Parlo inglese, francese, spagnolo e tedesco.

● Quando gli elementi coordinati sono negati, anziché **e** si usa **né**.

● Non parlo né inglese né francese né tedesco.

CONTENUTI DELLA SINTESI DI GRAMMATICA

Notes

Notes

Terra buonasera abitare favore, terrazza ora sera
Sorriso sera tre birra radio operaio sicuramente
~~Engettera~~ Roma arrivo parola
Inghilterra

Finito di stampare
nel mese di settembre 1993
dalla TIBERGRAPH s.r.l.
Città di Castello (PG)